カリスマ予備校講師が初公開!

感動する説明「すぐできる」型

8 FRAMES

犬塚壮志
Masashi Inutsuka

PHP研究所

はじめに

このままだと仕事がなくなってしまう……。

そんなことを毎日思って過ごしていました。
予備校講師として駆け出しの頃のことです。

なぜか。

私の話がつまらなかったからです。

はじめに

通常、予備校講師は1年契約。人気が出なければ減俸。最悪の場合、クビです。

人気講師になるためには、生徒がおもしろがる話をしなければならないことはわかっていました。

ただ、私は、もともと話すのが得意ではなかったのです。話術で人を惹《ひ》きつけることなんてもってのほかでした。

たとえば、高校1年生の夏のことです。

当時、初めてお付き合いした女性から、付き合い始めて1週間後にこんなことを言われました。

「あなたの話、本当、つまらないんだよね。小難しいことばっか。何いってるか、全然わからないし。一緒にいてもおもしろくないし」

それが最後の言葉となりました。


今思い返すと、確かに恋人どうしの会話ではなかったと思います。

ファミレスのランチに出てきたお新香を食べながら、お新香のでき方とナメクジに塩をかけたら縮んでいく原理がともに浸透圧で説明できることを話したり、デートで海に行くと、水着が乾きにくい理由を蒸気圧降下で解説したり……。


でも、そのときの私には、なぜこれらの話がつまらないと言われるのか、さっぱりわかりませんでした。

こういったことがトラウマになり、他人に何かを説明するということに対して私は構えてしまうようになったのです。

ただ、そんな私も、子どもたちの成長を願う教育への情熱や、〝化学〟という教科に対する思い入れが人一倍強く、大学院を卒業すると、すぐに駿台予備学校という大学受験専門の予備校に就職。〝説明〟を本業とする講師として登壇することになったのです。

しかし、そこからがまた、悲劇の連続でした。

まわりの予備校講師陣は、びっくりするほど話術に長《た》けているのです。説明が本当にわかりやすく、しかもおもしろい。

そして、なぜだか、私の同期はイケメンぞろい……。

情熱しかない私は、空回り。器用に「笑い」をとれる人間ではなかったのですが、がむしゃらに「笑い」や「ジョーク」をものにしようと努めたこともありました。

たとえば、お笑い番組のＤＶＤをひたすら研究。

ところが、

「わざとらしくウケとか狙わなくていいから！」

先輩講師のＫ先生に、そう叱咤《しった》されてしまいました。


そして予備校講師２年目。生徒の授業アンケートでも、

「つまらなかった」

「意味がわからない」

「無駄」

と散々でした。

「時間を返してほしい」

というコメントすらありました。

もちろん、アンケート結果は、同期の中でビリでした。

このままでは、職を失ってしまう……。

追いつめられた私は、つまらないプライドをかなぐり捨て、人気講師たちの授業を見学させてもらうことにしました。

そこで2つの気づきがありました。

①説明で人は感動する

人気講師と呼ばれる人たちは、めちゃくちゃ説明がおもしろいのですが、それは笑いを取ったり、ウケを狙ったりというものではありませんでした。むしろ「笑い」なんて1ミリも起きない授業すらありました。

ただ、彼らの話は感動をよぶのです。いわゆる「目から鱗《うろこ》！」「慧眼《けいがん》です！」といった、多くの気づきを与えてくれるのです。

「なるほど、そういうことだったのか！」

授業見学をしている私が、その講師の授業にどっぷりのめり込んでしまうほどでした。

そこで私は、おもしろい説明とは「お笑い」のようにウケを狙いにいくようなものではなく、人を感動させることができるものだということを知りました。

そして、もう1つの重要な気づきは、

②感動する説明には「型」がある

ということでした。

たとえば、若手No.1の世界史講師は講義の冒頭で、こんな話をします。

「なぜ、四大文明が発祥したか、わかる？

それはね、大きな河があったから。

そもそも、人の体のおよそ60％が水でできてるでしょ。

だから、常に水分を補給できる河のほとりで生活するのが人間にとってベストだよね。

それに、農作物を育てるにも水分が必要。

ものを運搬するには水路が便利。

だから、大きな河の流域で文明が発達しやすいんだ」

私はこの説明を聴いておもしろいと思った同時に、パターン化できる「型」のようなものが潜《ひそ》んでいることに気づいたのです。

これなら、不器用な自分にも真似できるかもしれない！

絶望の淵《ふち》にいた私に、かすかな希望の光が差し込んだ瞬間でした。

そして実際に、講義内容を１つの「型」にはめて話してみると、生徒の反応がそれまでとは明らかに変わりました。〝受験化学〟という地味なネタにもかかわらず、熱心に聴いてくれるようになったのです。

その後、さまざまな「型」を見い出し、使えるようになった結果、自分が担当する季節講習会では満員御礼が続出。季節講習会での化学の受講者数は、なんと日本一になったのです。

ここで、

「いや、自分は話す仕事をしているわけではないから、説明におもしろさなんて必要ない」

「べつに説明で感動させなくたって、クビになるわけじゃないし」――。

そう思った方もいるかと思います。

確かに、つまらない話が原因で職を失うなんて、少し極端ですもんね。

ただ、それでも人の心を動かす話ができるというスキルは、予備校講師だけに求められているわけじゃないと私は考えています。

たとえば、仕事でもプライベートでも、誰かの話を聴いていて、

「この人の話、なんかつまらないなぁ」

そう思ったことはないでしょうか？

たとえ相手が話のプロではないとしても、つまらない話を延々と聴かされ続けたら、「早く終わらないかな」とか、「もう、次はいいや」と思ったりしてしまわないでしょうか？

「話がつまらない人」というレッテルを貼られてしまうと、本人が気づかないうちに、せっかくのチャンスを逃してしまう可能性があるのです。たとえば、下表のようなケースです。

一方、

「この人の話、めちゃくちゃおもしろい！」

スピーチ・自己紹介	仕事できなさそう、付き合わないほうがいいかな、と思われてしまう
プレゼンテーション、企画会議	通らない、ボツになる
クライアントやお客さんとの打ち合わせ	担当を替えられてしまう
面接	不採用になってしまう
SNSなどの情報発信	スルーされてしまう
デート	もう会いたくないと思われてしまう

そう思われると、あなたの活躍の舞台が下表のようにどんどん広がっていくのです。

人生の舞台が、広がっていくのです。

でも自分には人の心を動かすほどの説明なんて絶対ムリ……。
そんな才能やセンスはない……。
そう思った方も、あきらめるのは早計です。

すでにおわかりの通り、かくいう私もそうでした。だから、ご安心ください。

スピーチ・自己紹介	できる人だな、この人と付き合いたいな——そう思ってもらえる
プレゼンテーション、企画会議	やりたいことが実現できるようになる
クライアントやお客さんとの打ち合わせ	一目置かれて、指名される
面接	採用してもらえる
SNSなどの情報発信	人気が出る
デート	また会いたいと思われる(モテる)

才能もセンスも不要です。不器用でも大丈夫。なぜなら、「型」にはめるだけだから。

相手を感動させる説明スキルを身につけることは、「笑い」を取りにいくことより何倍もかんたんなのです。

本書では、笑いのセンスがゼロでも話し下手《べた》でも、人の心を動かす説明ができる「型」をご紹介します。

しつこいようですが、大事なことですので、もう一度言いますね。

本書でいう「おもしろさ」は、「笑い」を必要としたり「ウケ」を狙ったりするものではありません。雑談の類《たぐい》でもありません。

相手に「つまらない」と思われることから脱却し、「目から鱗!」「慧眼です!」と思っ

てもらえるのが、「感動する説明」なのです。

本書を読んでいただくことで、「笑いを取りにいかなくちゃ」という強迫観念から抜け出し、聴き手の知的興奮をかきたてるような説明スキルが身につく。その結果、より多くのチャンスをつかむことができ、人生がどんどん開けていく。

何より、「感動する説明」の型を身につけると、ありふれた日常がもっともっとワクワクする世界に変わっていくと確信しています。

「〝感動する説明〟で世界を元気にする！」

本書がその一助となるのなら、著者としてそれに勝る喜びはありません。

感動する説明「すぐできる」型——目次

第1章 なぜ、「話がつまらない」と思われてしまうのか？

Contents

第2章 「つまらない」から「感動」へ変える説明の大原則

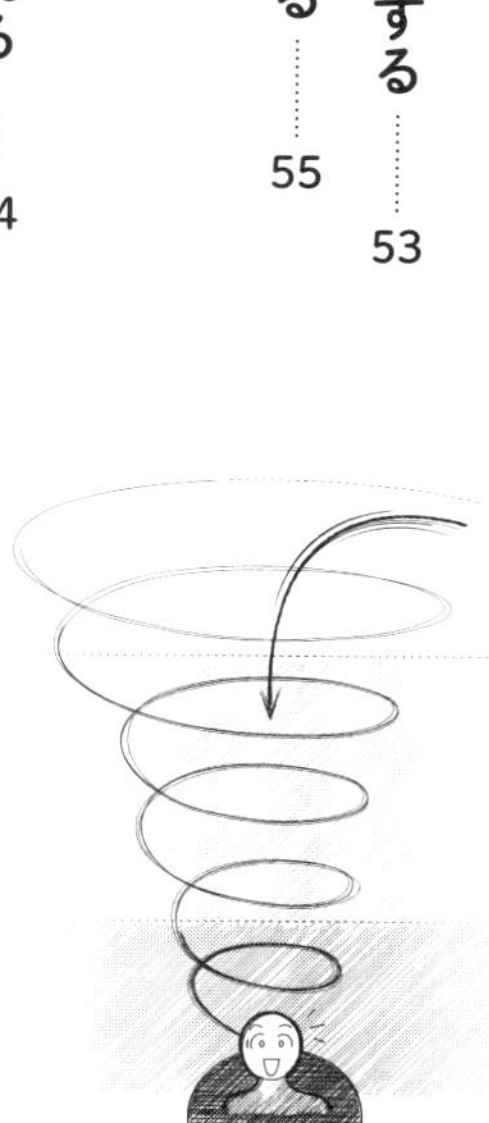

第3章 誰でもすぐできる「感動する説明」8つの型

Contents

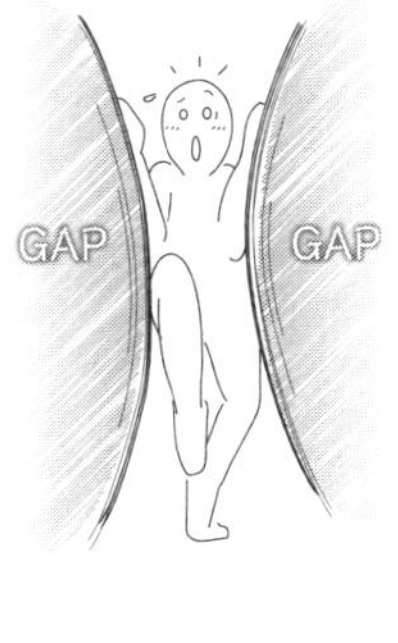
GAP
GAP

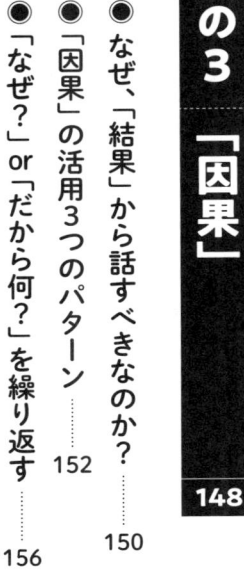

Contents

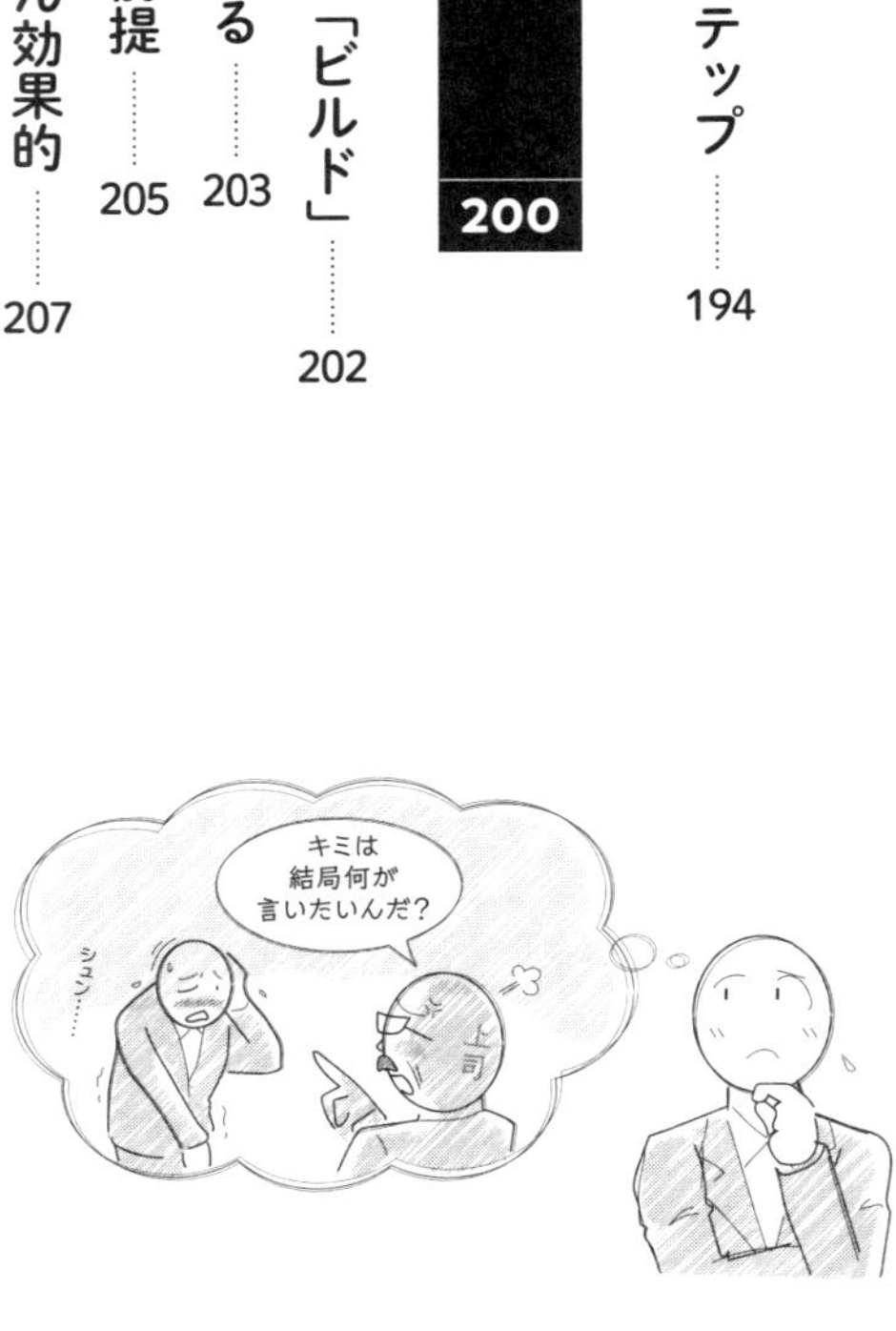
キミは結局何が言いたいんだ？
シュン……
上司

Contents

Contents

第1章

なぜ、「話がつまらない」と思われてしまうのか？

つまらない話は、しなかったも同然

「もったいない……」


ある著名な方のスピーチを聴いたときに思ったことです。

その方の話は、聴いている間は眠くなってしまって、何も頭に入ってこないのです。

ところが、取っていたメモを念のため見返してみると、話の内容そのものはとてもおもしろかったのです。だからこそ「もったいない……」と、つい声がもれてしまったのです。


現在、私は、教育コンテンツ・プロデューサーという肩書きで、セミナーや研修の開発、さらには経営者やビジネスパーソンの話し方のトレーニングを行っています。

そういった仕事の中で、クライアントに実際に話をしてもらうと、話の中身にあたる素材（ネタ）は濃密なのに、その話の内容がまったく頭に入ってこないことがあります。伝わってこないのです。いわゆる「つまらない」と感じてしまうものです。

そんなとき、私は、冒頭でも述べたように、「その話、本当はもっと価値があるのに。話がつまらないせいで伝わらないのは、ホントもったいない……」――そう思ってしまうのです。

どんなに一生懸命に話しても、話の内容が聴き手の頭に入っていかなかったら、そこでおしまいです。コミュニケーションにおいて「話が相手に伝わらない」ということは、価値が伝わらなかったこととイコールになってしまう。つまり、聴き流されてしまうようなつまらない話は、しなかったも同然なのです。

そればかりか、聴き手に「時間を無駄にした」と感じさせてしまって、マイナスのイメージをもたれてしまう要因にもなりかねません。場合によっては、**大きなチャンスを失ってしまうこともある**のです。

それでは、このように相手に「話がつまらない」と思わせてしまう原因は、どこにあるのでしょうか？

「話がつまらない」の大きな勘違い

人前で話をすることに苦手意識を持っている方にありがちな勘違いがあります。

「話がつまらない」のは、話し手のパフォーマンスや滑舌、あるいは話す内容の素材（ネタ）そのものに問題があるからだ、と思い込んでいるケースです。

「私はもともと話し方が上手くないから」

「そもそも、話のネタ（素材）がつまらなくて」――。

そう思ってしまっている方がほとんどなのです。

ただ、私に言わせると、そんなことはまったく問題ではありません。**本人が拙《つたな》いと感じる「話し方」も、その人らしさがにじみ出てくる良い部分**だったりします。そのため、無理に整えようとしてしまうとその人の個性が失われてしまって、かえって良くないこともあるのです。

しかし、人前で話をすることに苦手意識を持っている方の多くが、スティーブ・ジョブズのようなプレゼンテーションをイメージしています。そうするとパフォーマンスばかりに意識が集中してしまうようになり、かえって上手く話せなくなって、ますます前に進めないというネガティブ・スパイラルに入ってしまうのです。

自分の話が聴き手の心に響くかどうかは、パフォーマンス的なスキルの高さに左右されません。そのことは、私のこれまでの経験からも断言できます。**相手の頭に、自分の話の内容が入っていかない原因は、いわゆる表面的な話し方のスキル不足ではない**のです。

また「話すネタ（素材）」そのものも、本人がそれを伝えることに価値を感じているのならば、変にすり替えてしまわないほうがいいのです。そもそも、そのネタを伝えたいから話をするのに、それを大幅に変更してしまうのは本末転倒でしょう。

第1章

「話がつまらない現象」の4パターン

では、聴き手に「つまらない」と感じさせてしまうのはどうしてなのでしょうか？

ここからは、そもそも話がつまらないと感じてしまう原因とそのパターンについてお話ししたいと思います。

まず、話の素材（以下、ネタ）を、聴き手の知識や関心の度合いによって４つのゾーンに分けてみました。

知らないゾーン
聴き手が認知できないネタ

関心ゾーン
聴き手が気になったり興味があるネタ

関係ゾーン
聴き手と無視できない結びつきのあるネタ

自分ゾーン
聴き手自身がすでに使いこなせているネタ

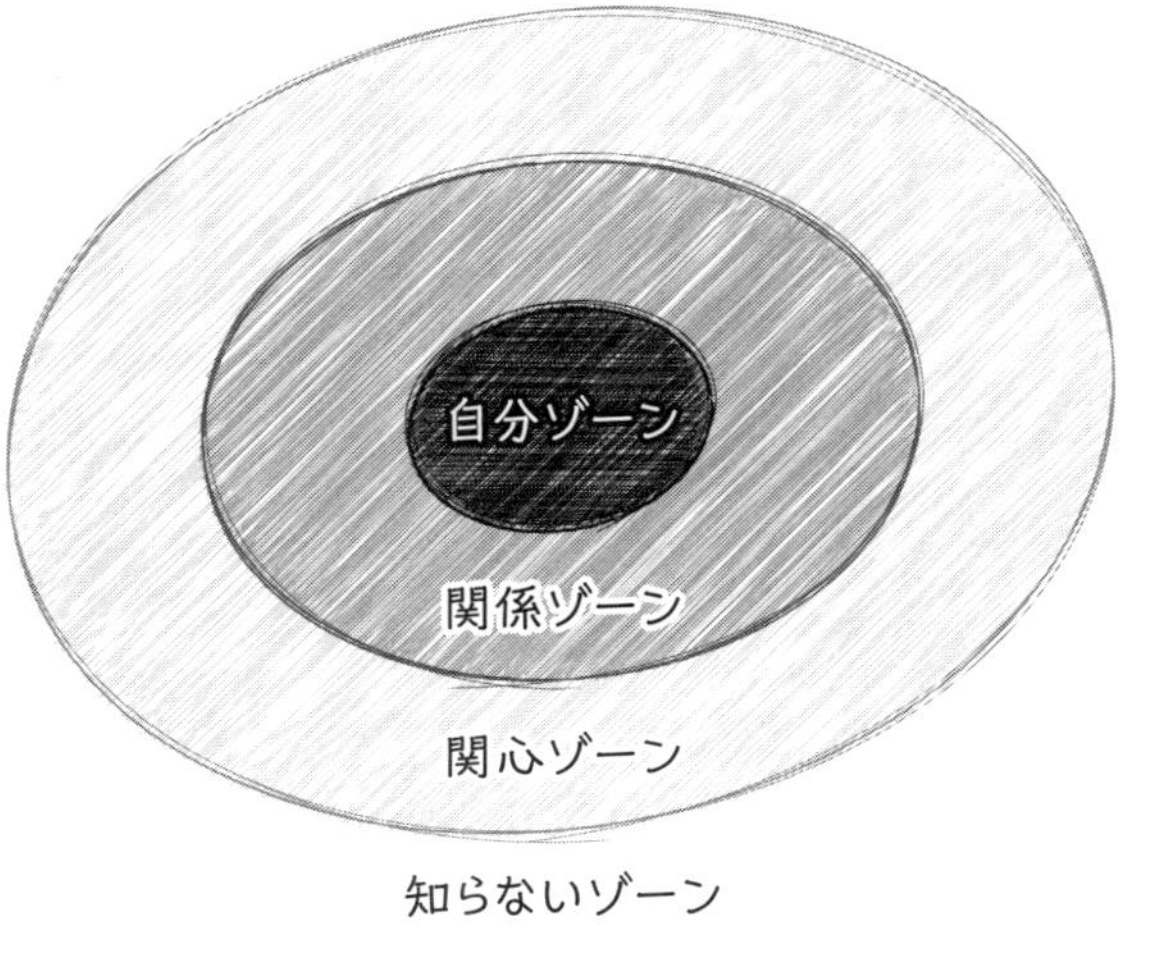

これからこの図を使って、話がつまらなくなる原因を解説していきます。まず、つまらない話の4つのパターンから見ていきましょう。

パターン①　「は？」
話の内容がまったくわからない

パターン②　「別にいいかな……」
その話の内容は自分には関係ない

パターン③　「そうは言ってもねえ……」
話の内容は自分に関係するけど、自分にはできない、取り入れられない

パターン④　「そりゃそうだ」
すでに知っていて、もう当たり前の話

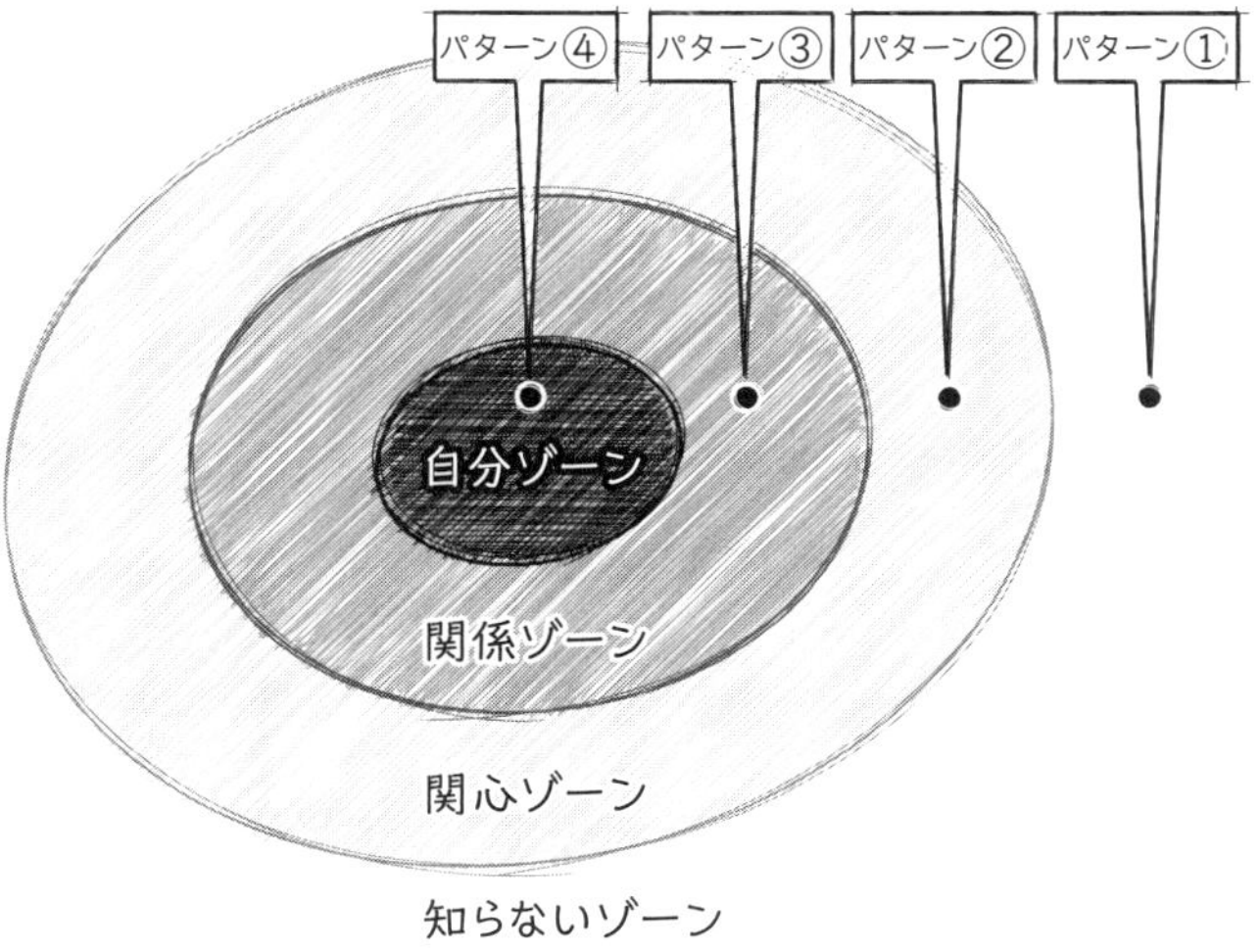

この４つのパターンを先ほどの図にあてはめると、前ページの図のようになります。

たとえば、聴き手が認知できない「知らないゾーン」にあるネタが、誰かの話を聴いたのに、「知らないゾーン」にとどまってしまうと、「は？　話の内容がまったくわからない」となり、人は「つまらない」となります（パターン①）。

同様に、聴き手と結びつきのある「関係ゾーン」にあるネタが、誰かの話を聴いたのに、「関係ゾーン」にとどまってしまうと、「そうは言ってもね……自分にはできない」と感じ、人は「つまらない」と感じます（パターン③）。

勘のいい人はもうお気づきでしょう。**４つの各ゾーンにある点が、それぞれのゾーンよりも内側に移動しないときに、話がつまらなくなる**のです。いわば、４つのゾーンの間でネタの「中心に向かう点の移動が起こらない」ことが話がつまらなくなる原因なのです。

本書では、**「話がつまらない」とは「聴き手の興味・関心や知識・理解が深まらず、心を動かす力がない」**と定義します。

感動を阻む3つの壁

ところで、『進撃の巨人』（諫山創 作・画）という大人気の漫画をご存じでしょうか？ 2019年5月現在でコミックの累計発行部数が8000万部を突破している大ヒット作です。

内容をかんたんに紹介すると、突如出現した巨人により、人類が滅亡の危機に陥るというストーリーです。生き残った人類は「ウォール・マリア」「ウォール・ローゼ」「ウォール・シーナ」という三重の巨大な城壁の内側に生活圏を確保し、どうにか生存しているといったところから物語が始まります。

私は、人の頭の中にも同じような3つの壁があると考えています。点の移動を阻《はば》み、「つまらなさ」を感じさせる障壁です。

これをビジュアル化すると、次ページの図のようになります。外側からそれぞれ「認知の壁」「私事《わたくしごと》の壁」「獲得の壁」と呼びます。

この壁を突破して、点を移動させないことには、どんなに身振り手振りのパフォーマンスを学んでも、聴き手に「おもしろい！」と思ってもらえたり、聴き手の心に響いたりすることはないのです。

それでは、先ほどの話がつまらなくなる4つのパターンと、そこに立ちはだかる3つの壁について、1つずつより詳しく説明していきます。

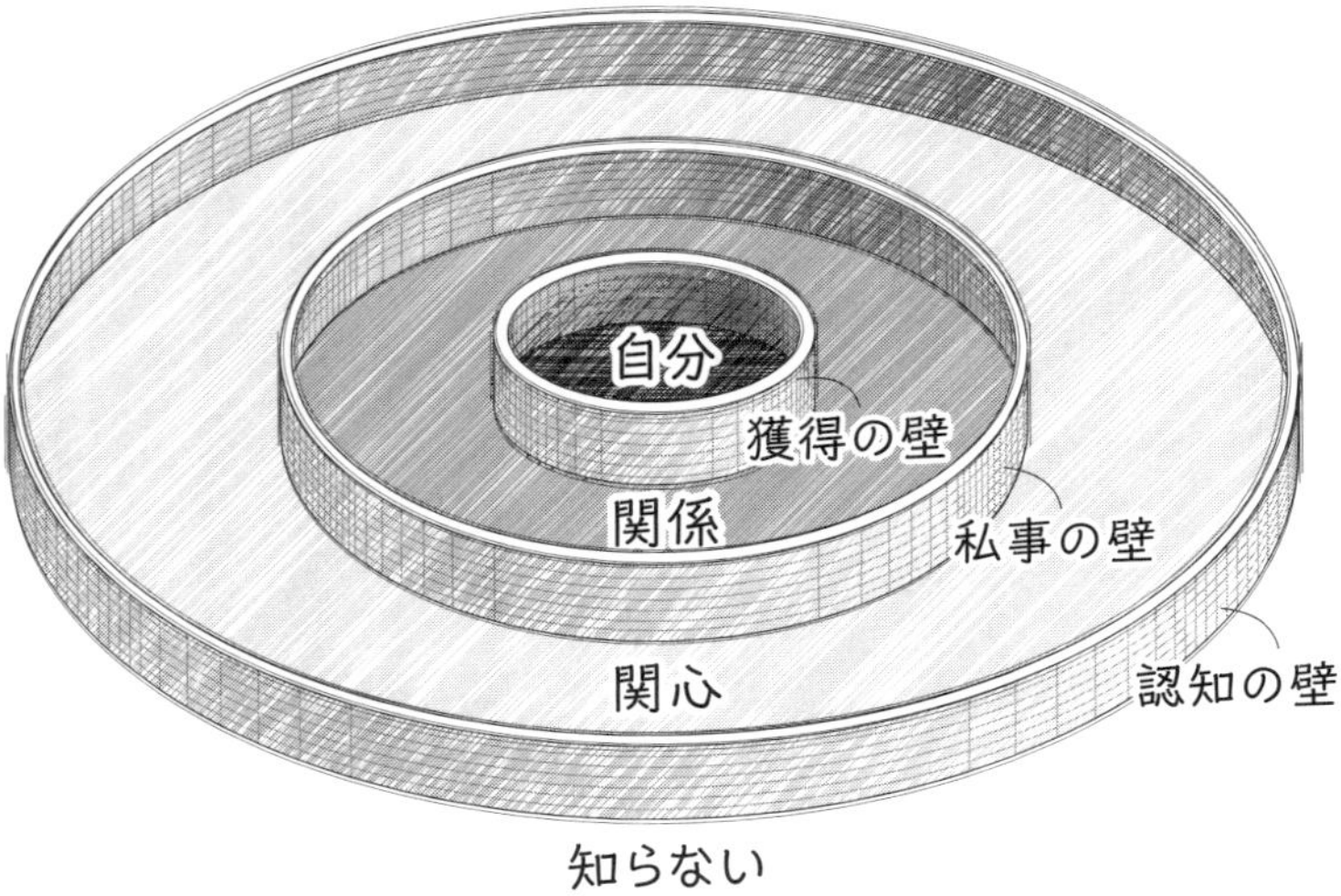

「知ってもらえない」が最悪——「認知の壁」を突破する

まず、話がつまらなくなるパターン①ですが、これは話の内容がまったくわからない、あるいは頭に入ってこないような場合です。つまり、聴き手が認知すること（知ること）ができない状態です。このパターンが最悪です。

しかし、情報過多の現代、実はほとんどのネタが、この「認知の壁」に阻まれています。**あまりに多くの情報にさらされると、人は情報を認知するに至らず、スルーしてしまう**からです。

現在、世の中にある情報量は、明らかに1人の人間が受け取ることができるキャパシティを超えています。

YouTube上では、毎日1分間に300時間分以上もの動画がアップされているといわれています。誰もがあふれる情報にまみれる今の世の中で、自分が話すネタを知ってもらうというのは、かなり骨が折れる作業なのです。

「認知の壁」に阻まれるのは、あふれる情報にまみれるような状況だけとは限りません。目の前にいる人が話をしているのに、その内容がまったく理解できないという経験をしたことがある人も少なくないのではないでしょうか。話の内容が右から左へと流れてしまうような状態です。

たとえば、聴き手に前提となる知識がないのに、学者や専門家が難しい言葉で説明する場合にそういった状況が起こります。

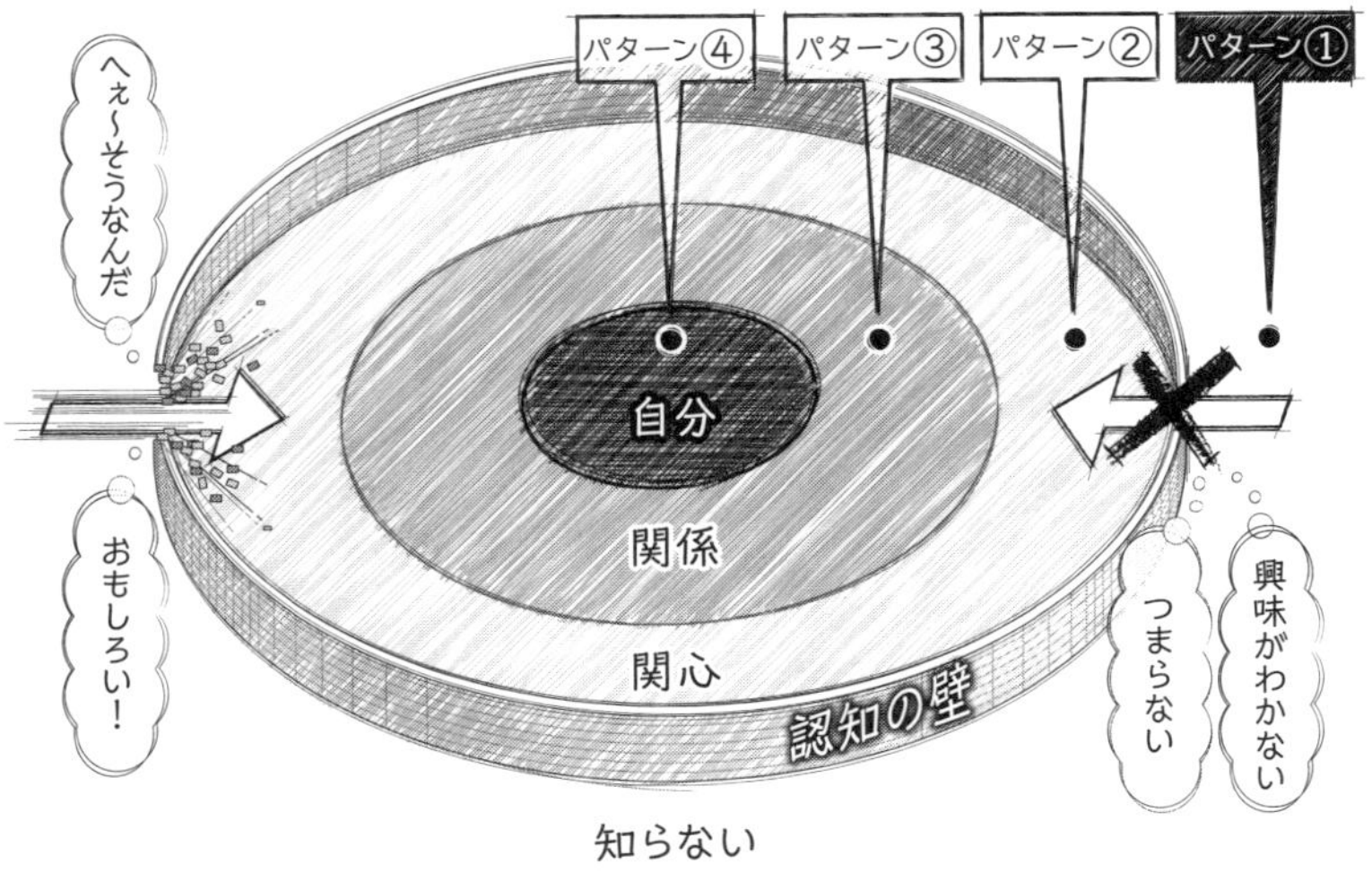

あるいは芸術家によるアート作品の解説、さらには哲学者が語る異次元の話だったりする場合もあるでしょう。話を聴いても、「ぜんぜん意味わかんない……」「まったく興味がわかないや……」となる感じです。特に、**話し手と聴き手の知識や理解度のギャップが大きいときに起こりやすい**ケースですね。

「認知の壁」に阻まれたネタは、聴き手の関心ゾーンに入り込めず、「つまらない」と認定されてしまいます。結果的に、聴き手の頭の中には一切残りません。

聴き手に「おもしろい！」と思ってもらうための、最初にして最大の関門が、この「認知の壁」を突破することなのです。

ここで考えるべきことは、いかに聴き手に興味・関心をもってもらうかということにほかなりません。**話すネタを聴き手の「関心ゾーン」にもっていけるようになることが「認知の壁」を破るための課題**なのです。聴き手に「おっ！」「ほう」などと思わせることができたら成功です。

「関係ない」は、すぐ忘れられる——「私事の壁」を突破する

続いて、話がつまらなくなるパターン②です。

パターン①「は？」：話の内容がまったくわからない
パターン②「別にいいかな……」：その話の内容は自分には関係ない
パターン③「そうは言ってもねえ……」：話の内容は自分に関係するけど、自分にはできない、取り入れられない
パターン④「そりゃそうだ」：すでに知っていて、もう当たり前の話

このパターンは、ネタに多少の関心はあるけど、「まぁでも、自分には関係ないかな」と聴き手に思われてしまうケースです。ここには「私事《わたくしごと》の壁」が立ちはだかっています。

極端な話、**人がもっとも興味があるのは、「自分に直接関わること」**です。つまり、関心はあるけど「自分には関係ないこと」だと判断されたら、ネタはすぐに忘れ去られてしまうのです。

たとえば、独立願望のある企業勤めのビジネスパーソンが講演会などで転職のノウハウを聴いても、「会社を辞めはするけど、独立したいから、転職ネタはオレには関係ないな」と思ってしまうケースです。多少の関心は引けても、自分には関係ないと思われてしまう。結果として、その転職関連のネタは「つまらない」

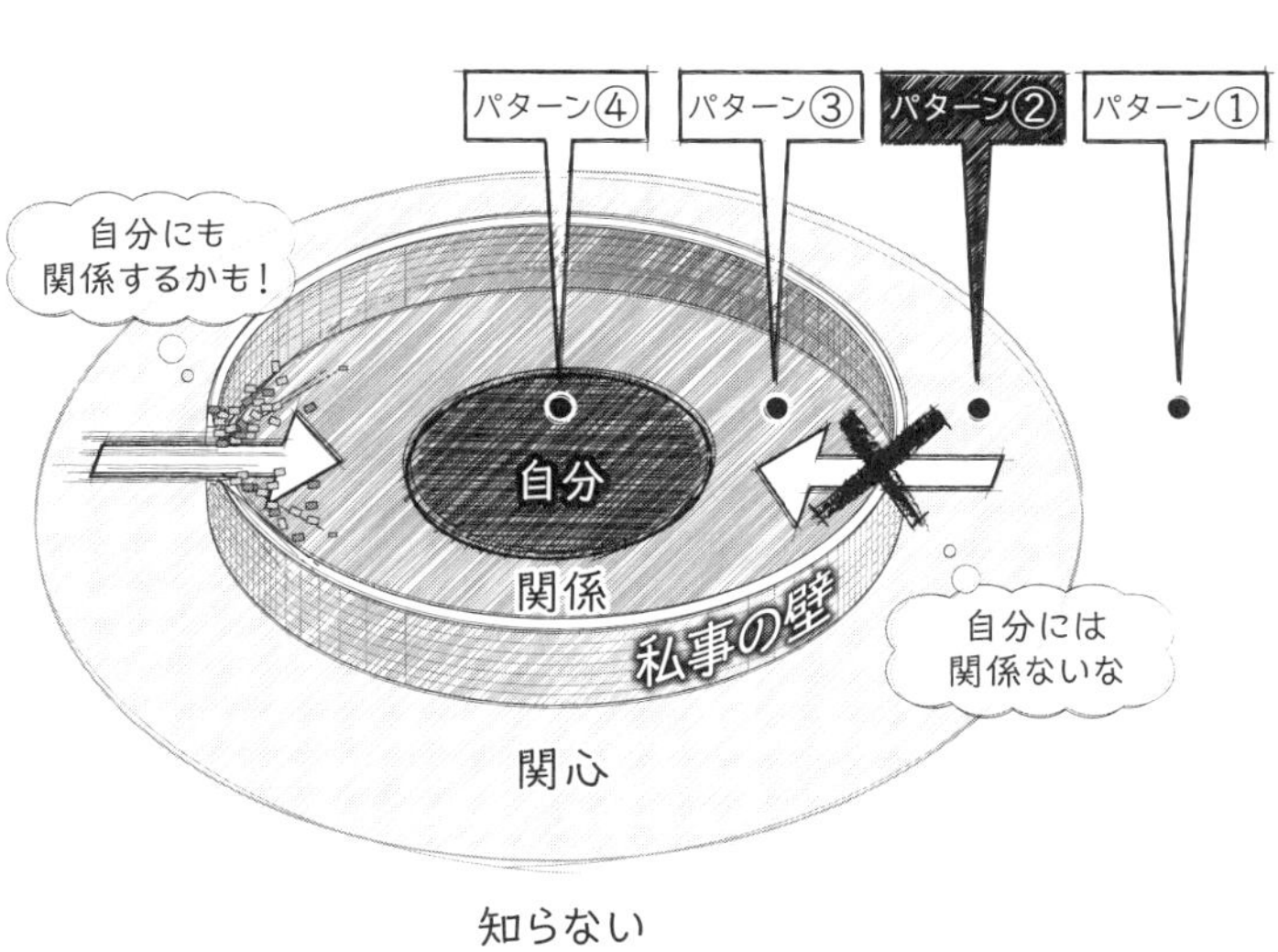

と認識され、彼の頭には残らないのです。

「私事の壁」を突破するためには、聴き手に**「自分とどう関係しているのか」ということをイメージさせられるかどうかがカギ**となります。

先の例では、「会社を辞めるという前提での選択肢の中で、転職がもっとも自身のキャリアシフトを成功させる確率が高いのです」などと、聴き手に大いに関係している話だとアピールすることが「私事の壁」を破るための課題です。その説明により、聴き手に「自分にも関係あるかも！」と思わせることができたら成功です。

余談ですが、この「知らないゾーン」から「関心ゾーン」、「関係ゾーン」にまでもっていくプロフェッショナル集団といえば、広告代理店の方々です。

広告代理店の方々は、あらゆる手法で新商品・サービスのプロモーションを、その新商品・サービスを知らない一般生活者、つまり「知らないゾーン」にある人たちに向けて発信しています。その新商品・サービスを認知させ、自分自身に関係していると思わせ、購買にまで結びつけているのです。だからこそ、秀逸な広告コピーは、聴いたり読んだりするとおもしろいんでしょうね。

○○○「自分にはできない……」というもどかしさ――「獲得の壁」を突破する

次に、話がつまらなくなるパターン③です。

パターン① 「は？」：話の内容がまったくわからない

パターン② 「別にいいかな……」：その話の内容は自分には関係ない

パターン③ 「そうは言ってもねえ……」：話の内容は自分に関係するけど、自分にはできない、取り入れられない

パターン④ 「そりゃそうだ」：すでに知っていて、もう当たり前の話

聴き手は、そのネタが自分に関係のあることは理解できているけど、何らかの理由で「自分には使いこなせない」「自分にはマスターできない」と感じて実行できない場合です。

ここは「獲得の壁」に阻まれています。

聴き手にとって、使いこなすこと自体の優先順位が上げにくかったり、あるいは使いこなそうと思ってもそれが上手くできなかったりするケースです。自分に関係するということはしっかり理解できているけど、自分の中に取り込めない――そんな悶々《もんもん》とした、もどかしい状態がこのパターンです。

このパターンでは、「どうにかして今すぐ自分の中に取り入れなくちゃ！」――まず、そう聴き手に思わ

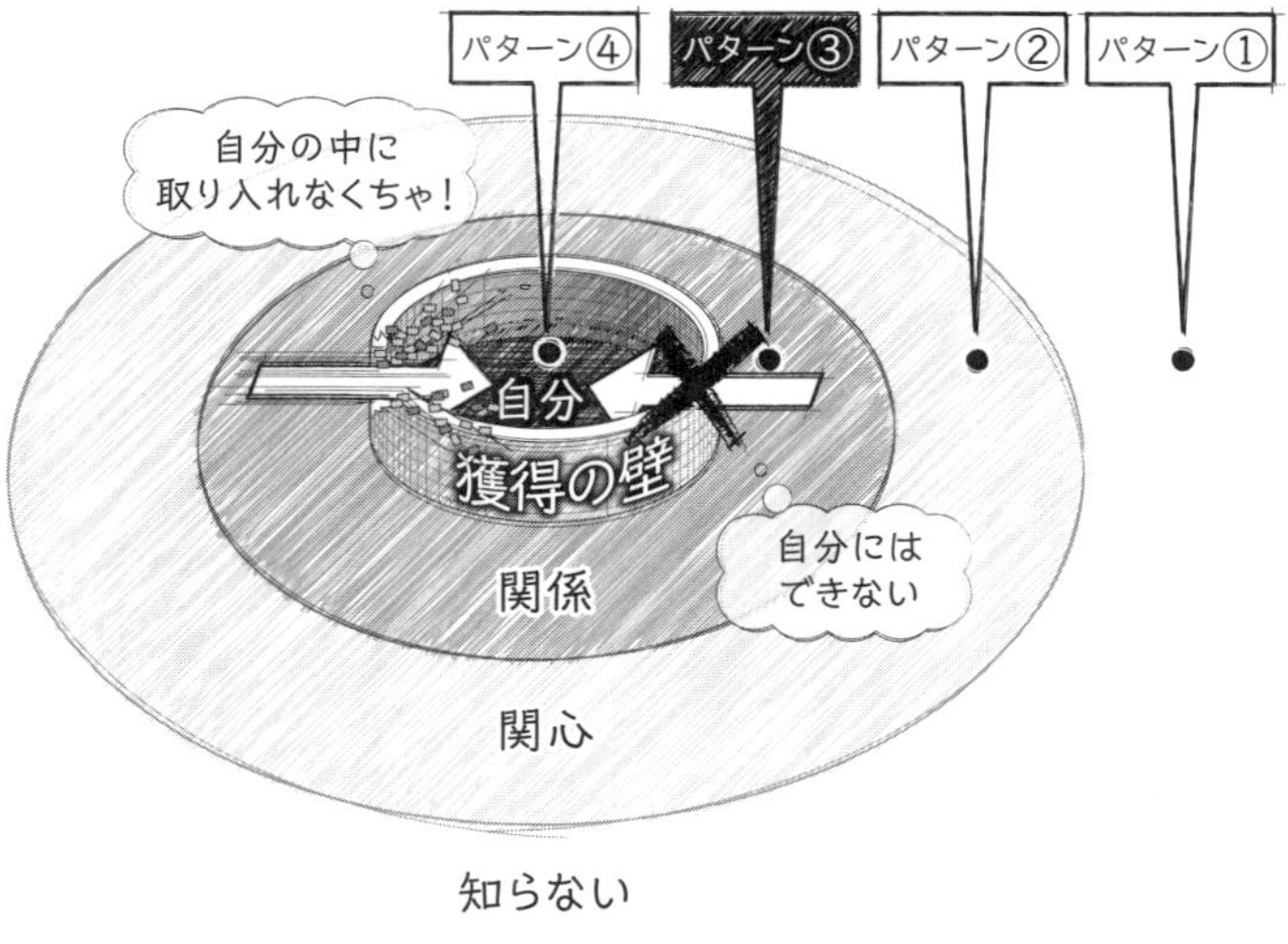

せることがカギとなります。そのためには、**取り入れる緊急性や必要性を理解させる説明ができるようになることが課題**となります。

場合によっては、ネタを聴き手が自分のものとして吸収し、自分で使いこなせるようになるためのトレーニング・メニューを提案することが必要になります。

実は予備校講師というのは、ここを集中的に実践しているプロフェッショナル集団なのです。聴き手である生徒が授業内容を自分のものにし、自力で問題を解ける能力を向上させること——すなわち、「獲得の壁」を突破するスキルに長《た》けているのが予備校講師という職業でもあるのです。

「もう知ってるよ!」は、話をおもしろくするのがもっとも難しい

最後の話がつまらなくなるパターン④です。

パターン① 「は?」:話の内容がまったくわからない

パターン② 「別にいいかな……」：その話の内容は自分には関係ない

パターン③ 「そうは言ってもねえ……」：話の内容は自分に関係するけど、自分にはできない、取り入れられない

パターン④ 「そりゃそうだ」：すでに知っていて、もう当たり前の話

このパターンは、聴き手がそのネタをすでにじゅうぶん理解してマスターできている状態です。

聴き手にとってすでに常識で当たり前と感じているネタをそのまま聴かせてしまうと、「つまらない」と感じさせてしまいます。すでに使いこなしているネタは、それ以上に聴き手の中に深化していくことはないので「つまらない」となるのです。相手が100％知っていることやマスターできていることを伝えたら、やはり「つまらない」のです。

たとえば、成人にとっての掛け算の九九。すでに使いこなせている計算スキルなのに、わざわざイチからバカ丁寧に説明されたら、おもしろくないですよね。退屈に感じるはずです。あるいは何かの講演会で、「高度経済成長が終焉《しゅうえん》し……」なんて聴かされても、「いつの時代の話だよ！」とほとんどの方が思ってしまうでしょう。

聴き手の脳ミソは、自分にとってすでに当たり前のネタを延々と説明されてしまうと、「もう、いいよ！」と悲鳴を上げます。おもしろいと思ってもらえるだなんてもってのほかです。

つまり、このパターンだけは突破できる「壁」がありません。ゾーンの中で「内側への点の移動」を起こす術《すべ》がないのです。点の移動ができないとなると、ここまでお話ししたように「3つの壁」を突破し、聴き手の知識や関心を深化させてネタをおもしろくする、ということができ

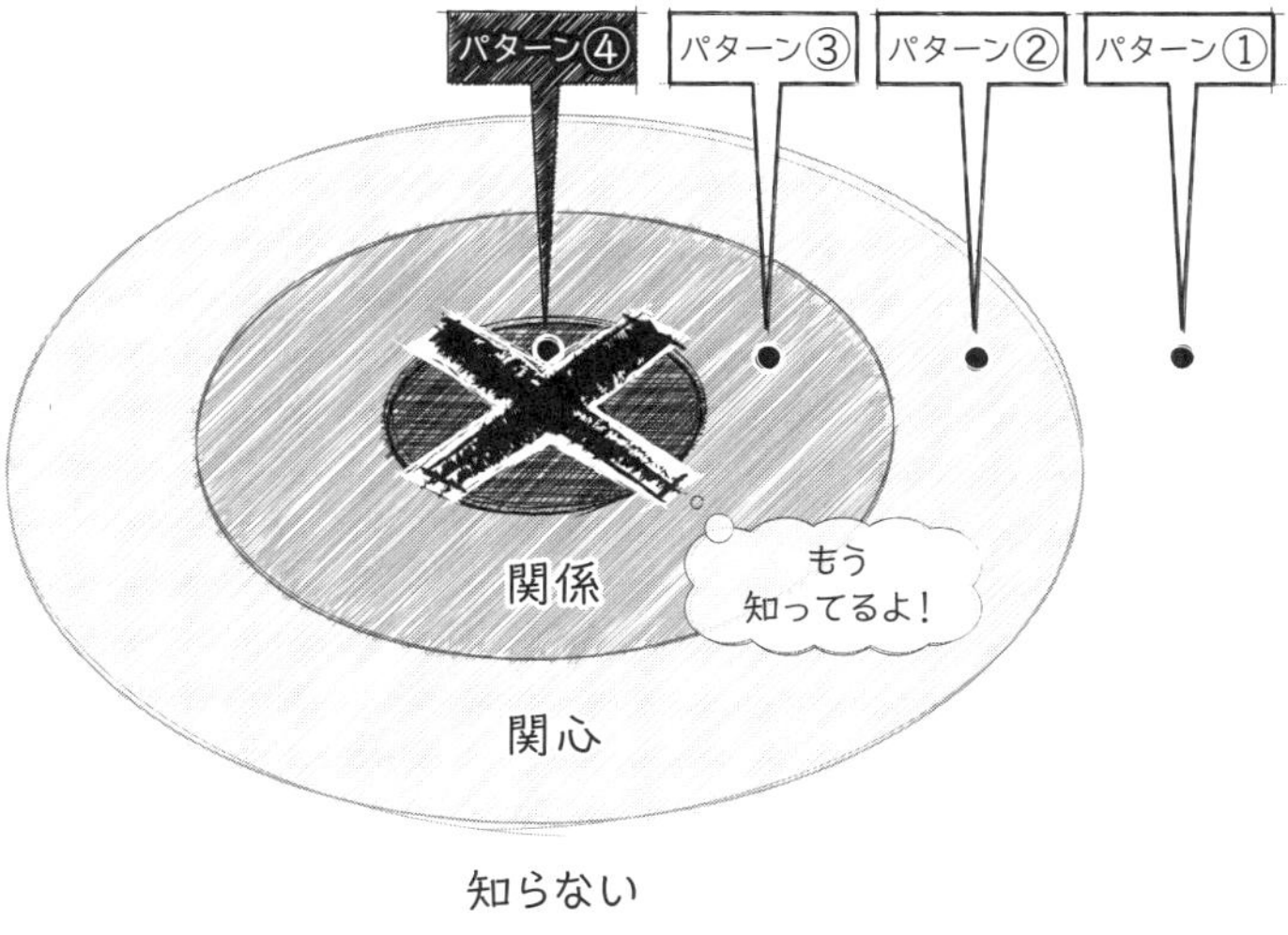

ません。ネタをおもしろくする難易度がとても高いのです。

このパターンに関しては、「できる限り回避する」ことを私はおすすめしています。そして、この現象を回避する方法はちゃんとあります。**ポイントは、こちらが話す前に聴き手の知識レベルや理解度を把握すること。**それによって、説明で使う言葉の選択を変えられるかどうかが、この状況を回避するための課題となります。この方法については第2章で詳しくご説明します。

実は聴き手がすでに知っていることでも、そのネタを説明することを回避せずに、おもしろく感じてもらう方法もあります。その方法とは、「点の移動が可能なネタ」と抱き合わせで伝えるのです。また、使える説明の型は少ないのですが、ネタに新しい意味づけをすることでワクワクさせることも可能です。詳しくは、第3章でお話しします。

余談になりますが、すでに知っているネタをなんのひねりもなしに説明しても、おもしろいと思ってもらえるケースが1つだけあります。それは、聴き手が話し手に好意を抱いている場合です。好きな人から話を聴くときは何を聴いてもおもしろかったり、ワクワクしたりしますよね。ただ、これは当人どうしの人間関係だったり、話し手のキャラクターの問題でもあります。本書でいう「聴き手の興味・関心や知識・理解を深化させることで心を動かす話のおもしろさ」とは別の問題となりますので、他の書籍にゆずることにします。

「自分ゾーンへと深化する」を視覚化
――ヘリックス・ストラクチャー

これまで、「話がつまらない」と感じてしまうメカニズムを、話のネタの4つのゾーンと、話をつまらなくする3つの壁で解説してきました。

ネタは、3つの壁を突き破って、「知らない→関心→関係→自分」という4つのゾーンを移動していくときに聴き手に浸透していきます。

これを立体的に図示すると、次ページ上図のようになります。

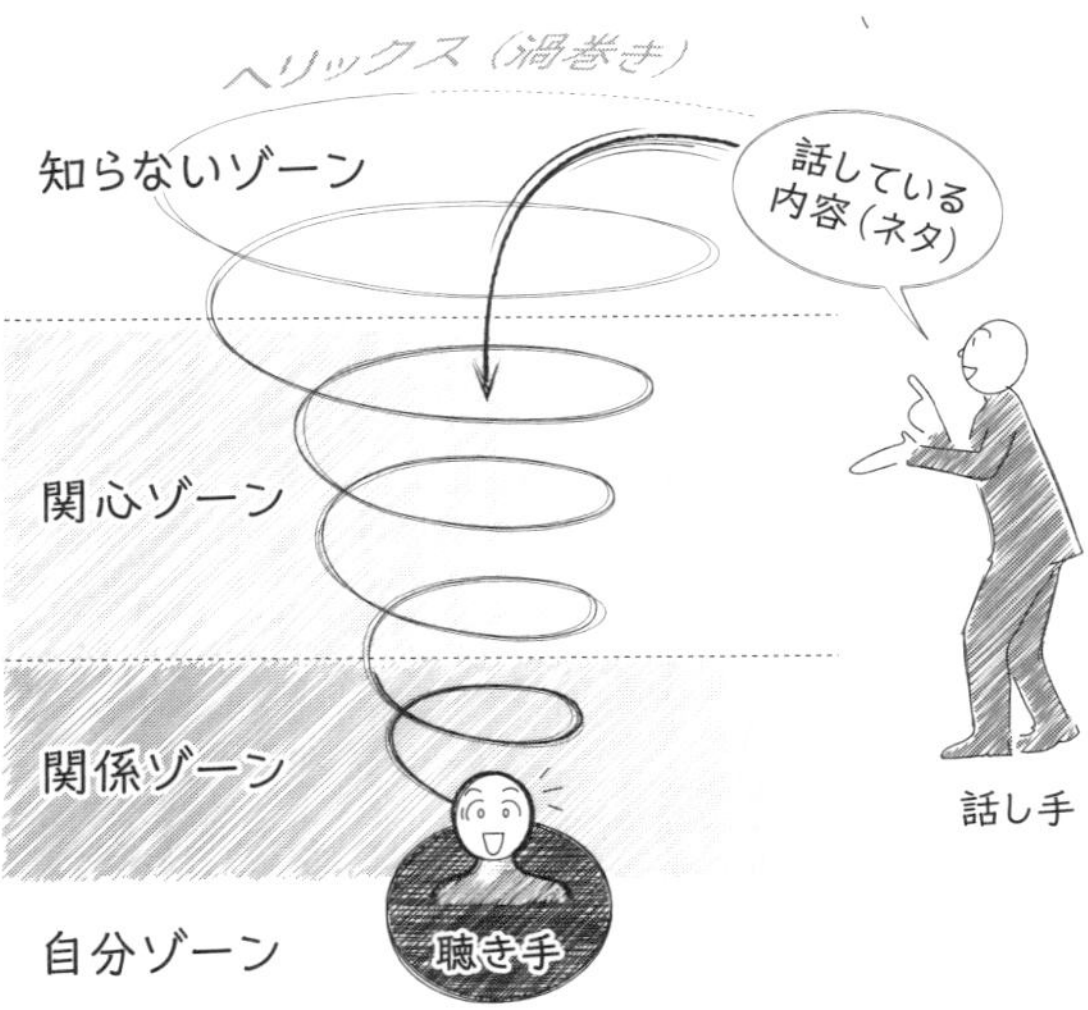
ヘリックス（渦巻き）
知らないゾーン
関心ゾーン
関係ゾーン
自分ゾーン
話している内容（ネタ）
話し手
聴き手

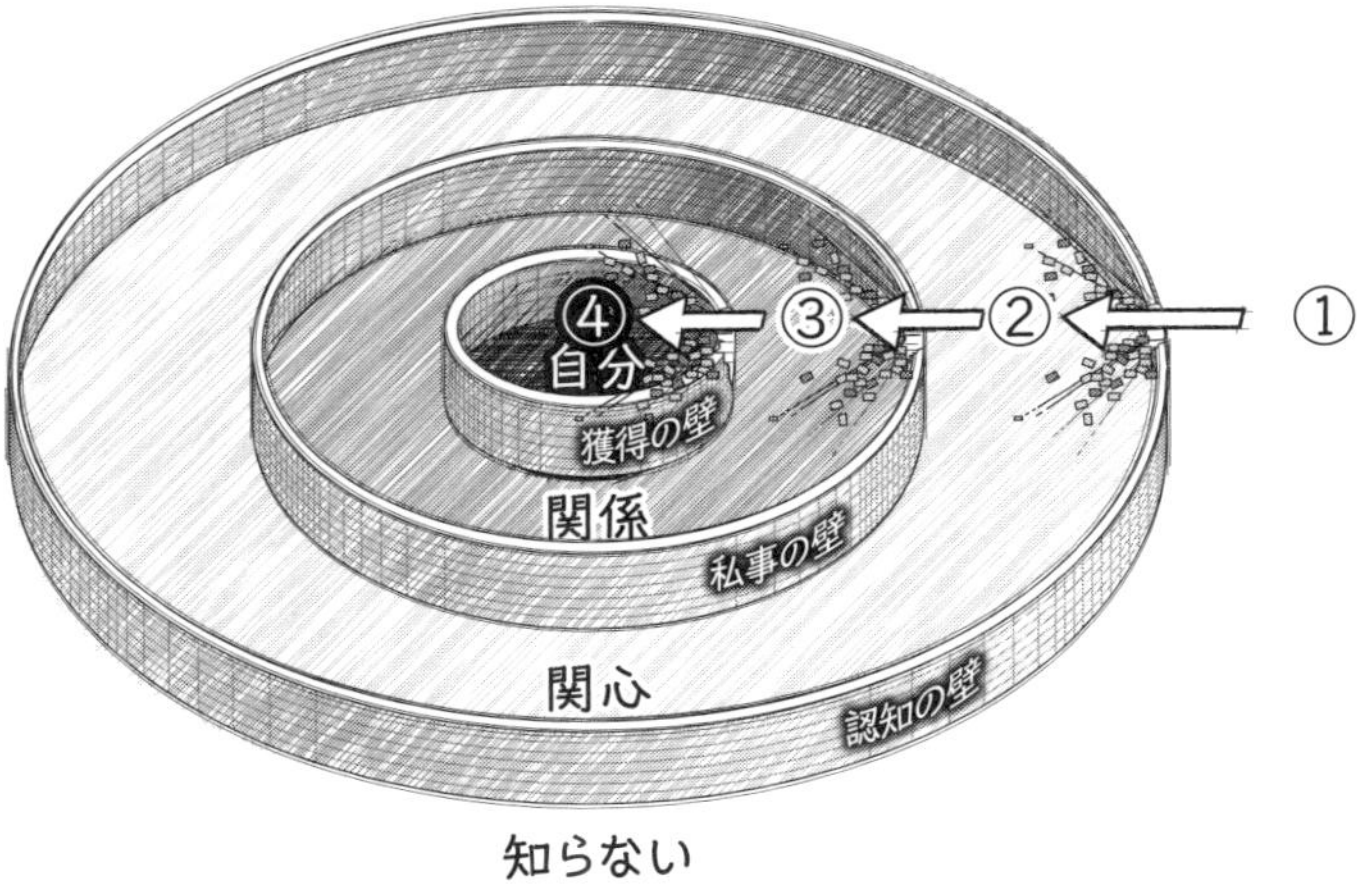
①
②
③
④
自分
獲得の壁
関係
私事の壁
関心
認知の壁
知らない

私は、これを「ヘリックス・ストラクチャー」（渦《うず》巻き構造）と呼んでいます。

話すネタが、先ほどお話しした3つの壁を壊しながら、「自分ゾーン」へと深化していくことで、「つまらなさ」が解消され、聴き手は「おもしろい！」と感じてくれるようになるのです。

なお、ヘリックス・ストラクチャーを真上から見ると、実は右ページの下図のようになるのです。この図を活用しながら、おもしろいと感じるメカニズムを考えていきますね。

なお、ネタが聴き手の「自分ゾーン」に浸透（深化）して、聴き手の考えや行動が変わることを、教育学的には「変容」といいます。つまり、**感動する説明の最終地点は、「聴き手を変容させること」**だともいえるのです。

「脳が肥える」時代に

ところで、食べ物を食べると胃が満たされるのと同じように、人は情報を吸収すると、脳が満足感で満たされます。人は、情報や知識を得ることなしに生き続けることは不可能なのです。

理学博士でありながら、民俗学・比較文明学の権威で、国立民族学博物館の初代館長であった梅棹忠夫氏は自著『情報の文明学』（中公文庫）で、「これからの時代は情報によって脳を満たし、その機能を拡充する時代」といった旨を述べています。

私の解釈では、**「現代のような情報を誰でもかんたんに手に入れることができる時代では、単なる情報の提供だけでは聴き手は満足しない。そして、聴き手の能力を拡充するような情報を提供し、聴き手に満足感を与えられる話し方や書き方のスキルが必須だ」**ということです。

それでは、情報で「聴き手の能力を拡充する」ような情報の提供は、具体的にどうしたらできるのでしょうか。それは、聴き手が知らない情報に、まず関心をもってもらうことが、能力拡充のすべてのはじまりになります。

聴き手がすでに関心のある情報であれば、自分自身（聴き手）と関係づけてもらわないと能力の拡張は動き出しません。そして、関係づけられた情報は、さらに「おもしろい」と思ってもらえる説明で、聴き手に「その情報を自分のものにしたい！」という欲求により、聴き手の能力拡充につながるのです。聴き手が知らない情報は、こういったプロセスを経て、結果的に聴き手を満たす価値ある情報になっていくということです。

あふれる情報を消費しつづける現代人は、「舌」ならぬ「脳」が肥えています。それぞれの情報が自分にとって価値があるかないか、厳格にジャッジされる時代でしょう。だからこそ、**情報を伝えるときに聴き手の脳が「その情報を自分のものとしたい！」と欲するようなおもしろい説明をできるかどうかが重要**になるのです。

それでは、聴き手の脳が「その情報を自分のものとしたい！」と思わせる説明とは、どんなものなのでしょうか？

説明で人は三度、感動する

聴き手の脳が「その情報を自分のものとしたい！」と欲する説明スキルとは、一言でいうと、「壁を破壊する説明」です。先ほど登場した「認知の壁」「私事の壁」「獲得の壁」の3つを突破する説明です。

壁を突破するごとに、人は「おもしろい！」と思い、感動を覚えるのです。つまり、説明で人は三度《みたび》感動できるということです。

ここまで読んでくださったあなたは、「話のおもしろさ」を追求するあまり、説明の中に無理やり「笑い」を入れる必要はないという理由がもうおわかりなのではないでしょうか。

これは私の経験則なのですが、実は説明の中に「笑い」を入れると、かえって聴き手の頭の中には説明した内容が残りにくいという傾向があります。それは何かを説明するときの話だけに限らず、**「笑い」が中心になる話は、聴き手の瞬間的な満足感は得られるのですが、どうやら忘れ去られる**ようです。

笑いのセンスが1ミリもない私でも、100回に1回くらいは授業で爆笑を連発させられることがあります。ただ、そのときの生徒は、ものの見事に授業内容を覚えていませんでした。授業内容の理解度テストの結果も芳《かんば》しくなかったのです。

私からしてみると、「あんなに盛り上がったのに……」と、とても複雑な心境になります。笑ってくれても、授業の内容で覚えてほしかったところは覚えていてはくれなかったのです。

私自身も、受講生の立場で研修やセミナーなどに参加することがあります。その講座中に「笑い」が多く入っていると、確かに受講直後は、それなりの満足感があります。しかしながら、講師の話の内容が、頭の中にほとんど残っていないということがよくあるのです。つまり、ジョークなど「笑い」をメインとした話というのは、脳に取り込まれずに、そのまま流れ出てしまう傾向があると考えています。

だからこそ、「はじめに」でもお話ししたように、「笑い」を抜きにした「おもしろい説明」を本書では強く提案したいのです。

私は、「性賢説《せいけんせつ》」というものを信じています。人は元来、知的になりたい生き物であるという考え方です。つまり、**「笑い」のない説明であったとしても、人は知性を高めてくれる話を「おもしろい」と思って満足する**はずなのです。

「感動する説明」は、知的好奇心を刺激する

「おもしろい」と思ってもらえるような説明をすると、脳が「その情報を自分のものとしたい！」と欲します。結果として、情報は聴き手の中にスーッと入っていきます。

そして、そのネタが壁を突破していくごとに人は感動を覚え、「おもしろい！」と思うのです。つまり、

「おもしろい＝心が動く（感動）」であり、**感動する説明とは、壁を突破して点を中心に向かわせることができる説明**なのです。

感動する説明は、知的好奇心をかき立てます。シンプルにいうと、聴き手をワクワクさせます。

そして、**感動する説明で知的好奇心が刺激され、中心に向かっていくほど感動の度合いが大きくなり、聴**

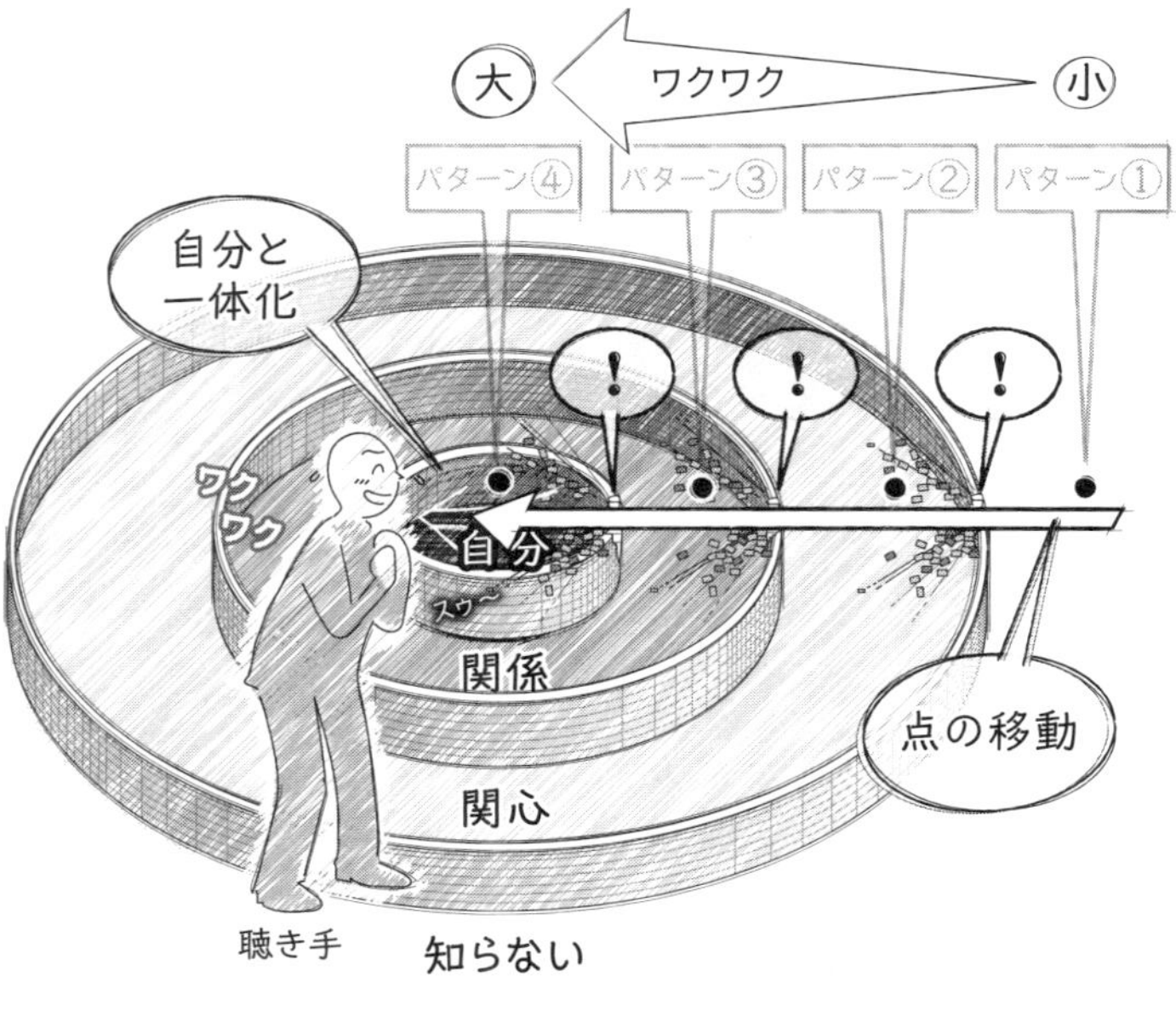

き手のワクワク感も高まっていくのです。

このように聴き手を感動させられる説明ができるようになると、ネタにかかわらず、聴き手に「目から鱗！」「慧眼です！」「おもしろい！」と思ってもらえるようになります。

情報や知識を得るときにワクワクするというのは、ヒト特有の感情です。話がおもしろいと聴き手の知的好奇心を刺激し、聴き手の中にどんどん取り込まれていきます。

そして、話したその内容が聴き手の脳内で、すでにもっている知識とネットワークを次々に形成し、気持ちが高揚《こうよう》していくのです。

聴き手の知的好奇心を刺激し、ワクワク感を最大限に引き起こすことができるこの説明スキルを、本書で順次ご紹介していきたいと思います。

感動したとき、人は誰かに伝えたくなる

「感動する説明」ができるようになると、副次的な効果があります。それは、あなたが話

した内容を、聴き手が誰か他の人にしゃべったり、書いたりして伝えたくなることです。

こういった広めたくなる衝動《しょうどう》はヒトの性《さが》だったりします。

つまり、**感動する説明ができると、話の内容が拡散されやすくなる**ということです。結果的に影響力をもつことだってできるようになるのです。

あなたがした話がどこで拡散されるのかというと、リアルの場での口コミはもちろん、SNS投稿でもシェアされていきます。これも「感動する説明」の特徴です。


私が駿台予備学校に勤めていたとき、私の授業内容やその評判は、学校での友達どうしの会話をはじめ、ツイッターや2ちゃんねるなどの書き込みでどんどん広がっていったのです。

ある年の夏期講習のときのことです。講義が終わった後、男子生徒2人が講師室に来て、こんなことを話してくれたのです。

「やっぱり先生の授業をとって良かったです！　どうしても先生の授業、受けてみたかったので!!」

状況がよくわからなかったので、詳しく聞いてみたところ、その2人は、千葉県から片道2時間もかけて御茶ノ水まで受講しに来てくれたのです。

その2人は、私の授業を受けるのは初めてなのに、どうしてそんな労力をかけたり、期待外れに終わってしまうリスクをとってくれたりしたのか疑問に思い、尋ねてみました。

「なんで、ボクの授業を受けたことがないのに、こんなにまでして受けようと思ってくれたの？」

そう聞いてみたところ、彼らは、

「ネットの口コミでいろんな講師の方を調べていたんですけど、その中で先生の授業が一番良さそうだと思ったからです！」

こう教えてくれました。私の授業を一度も受講していないのに、通常授業とは別料金を支払わなければならない私の夏期講習会の授業を選んでくれた理由が、ネットに口コミされた授業内容だったのです。

その2人の男子生徒の話を聞いた私は、恐る恐る自分の名前で検索してみました。もともとエゴサーチは好きではなかったのですが、意を決してヒットした書き込みを閲覧《えつらん》してみました。

もちろん、すべての書き込みの内容がポジティブなものではなかったのですが、私の授

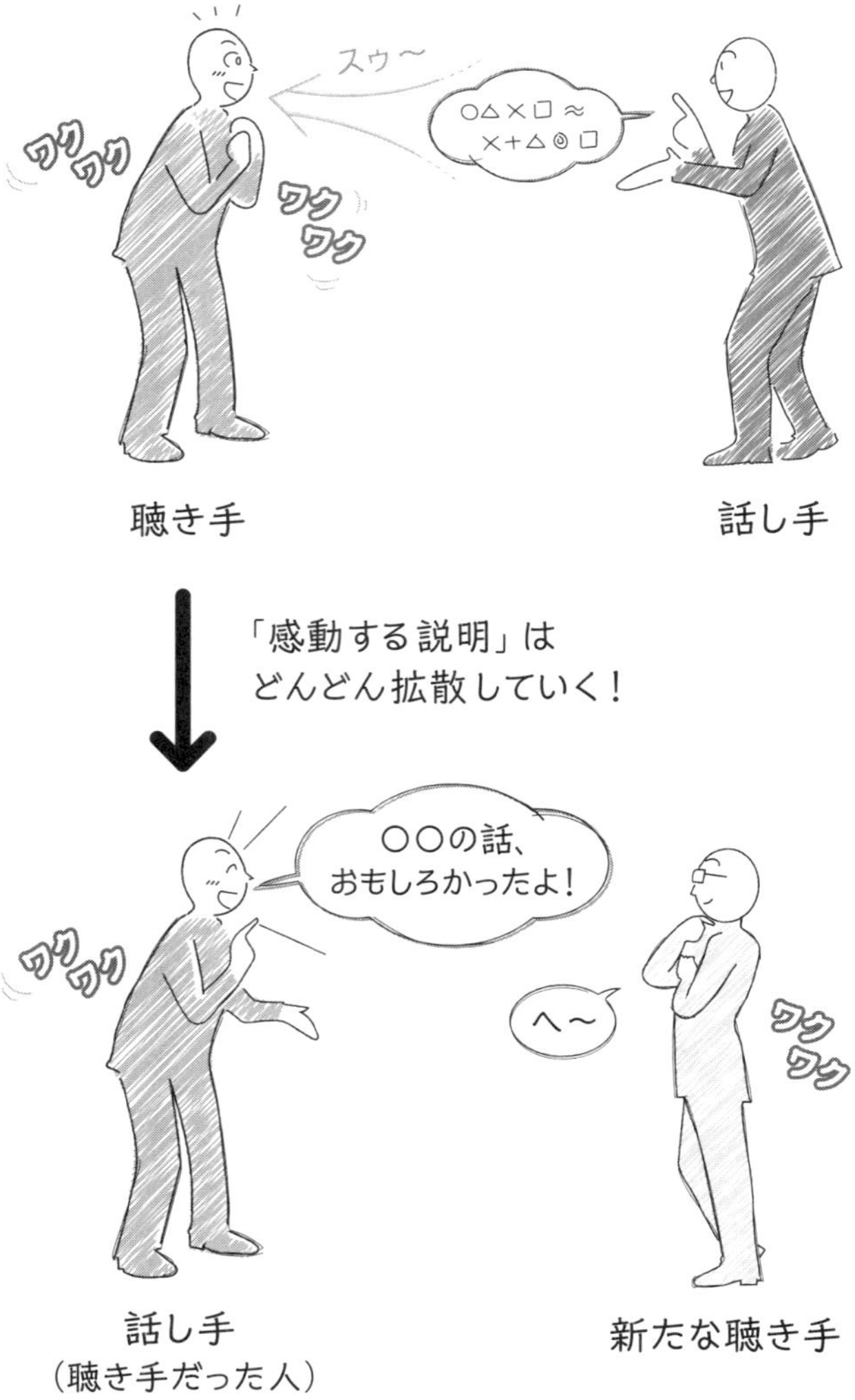
スゥ〜
○△×□≈
×+△◎□
ワクワク
ワクワク
聴き手
話し手
「感動する説明」は
どんどん拡散していく！
○○の話、
おもしろかったよ！
ワクワク
へ〜
ワクワク
話し手
（聴き手だった人）
新たな聴き手

業の進め方や説明のしかた、そして授業内容で感銘を受けたネタなど、誰かに伝えたくなって書き込んでくれたであろう生徒のコメントや投稿も数多く載っていたのです。

こうしたことも、やはり「感動する説明」を常に意識していたからだと考えています。

感動する説明には「型」がある

これまで「話がつまらない」「話がおもしろい」と感じさせるメカニズムと、「感動する説明」の定義についてお話ししてきました。

ただこうした、おもしろくて「感動する説明」を毎回実行しようとするのは、いささか骨が折れることのように思われる方もいるでしょう。でも心配はいりません。なぜならば、**「感動する説明」には、誰にでもすぐ使える「型」がある**からです。

私は、駿台予備学校に勤務していたとき、多いときで年間1500時間ほど化学の授業を行っていました。人気商売である以上、そのすべての授業で生徒を惹《ひ》きつける必要がありました。

生徒を飽きさせないように、かつ、常に生徒の能力を拡充させるような、心を動かす説明をしなければならなかったのです。雑談なんかの類ではない、「説明」という堅苦しいスタイルで、生徒を虜《とりこ》にしなければならない仕事だったのです。

ただ実際問題として、毎回の授業ごとに「感動する説明」を新規で準備するのは物理的に不可能です。

そんな厳しい状況下にいたからこそ、説明の中にいつでも「おもしろさ」を入れることができる「型」を生み出すことができたのです。つまり、**「話をおもしろくする」ことそのものを仕組み化した**のです。

こうしてつくった「型」に、毎回変動する話の素材（私の場合は受験化学）を流し込むことで、いともかんたんに「おもしろい話」に仕立て上げられるようになったのです。

「受験化学」というおもしろみを感じにくい素材（ネタ）だからこそ、私は誰でもどんなネタでも、「おもしろい話」になる8つの「型」を編み出すことができたのです。

いうなれば、そのままでは味気ない野菜（素材）を、誰が作っても美味しい料理に変えられる調理法を開発したのです。

これは、私自身の経験だけから編み出したものではありません。1000人以上の人の説明を分析して見出したものです。

そのため、あらかじめこれらの「型」を手持ちの札として用意しておけば、あなたが「感動する説明」を実践するときの負担を一気に減らすことができるのです。

説明は「ところてん方式」で!

本書でお話しする説明スキルというのは、伝えるべきネタを「型」に流し込む作業だけですので、伝えたいことを省エネで相手にしっかり届けることができます。まさに、ところてんをつくるときと同じですね。

「説明するネタ」を「型」に流し込んで押し出せば、「おもしろい!」と思ってもらえるのです。つまり、「型」にはめるだけで、いともかんたんに聴き手を感動させる説明ができるようになるのです。


くどいようですが、一見つまらないと思えるようなネタですら、おもしろみを感じてもらえる説明ができるようになるのが、第3章でお話しする「8つの型」の特徴です。この「8

つの型」は、どれから身につけてもらっても大丈夫です。ぜひ、あなたが興味のある「型」から読んでいただければと思います。

ただし、気をつけていただきたいのは、**同じネタであっても、当てはめる「型」によっては、聴き手が感じるおもしろみが変わってしまうということ。用いる「型」で聴き手への深化（浸透）の度合いが変わってしまう**のです。

唐突ですが、アスコルビン酸をご存じでしょうか？

アスコルビン酸というのはビタミン

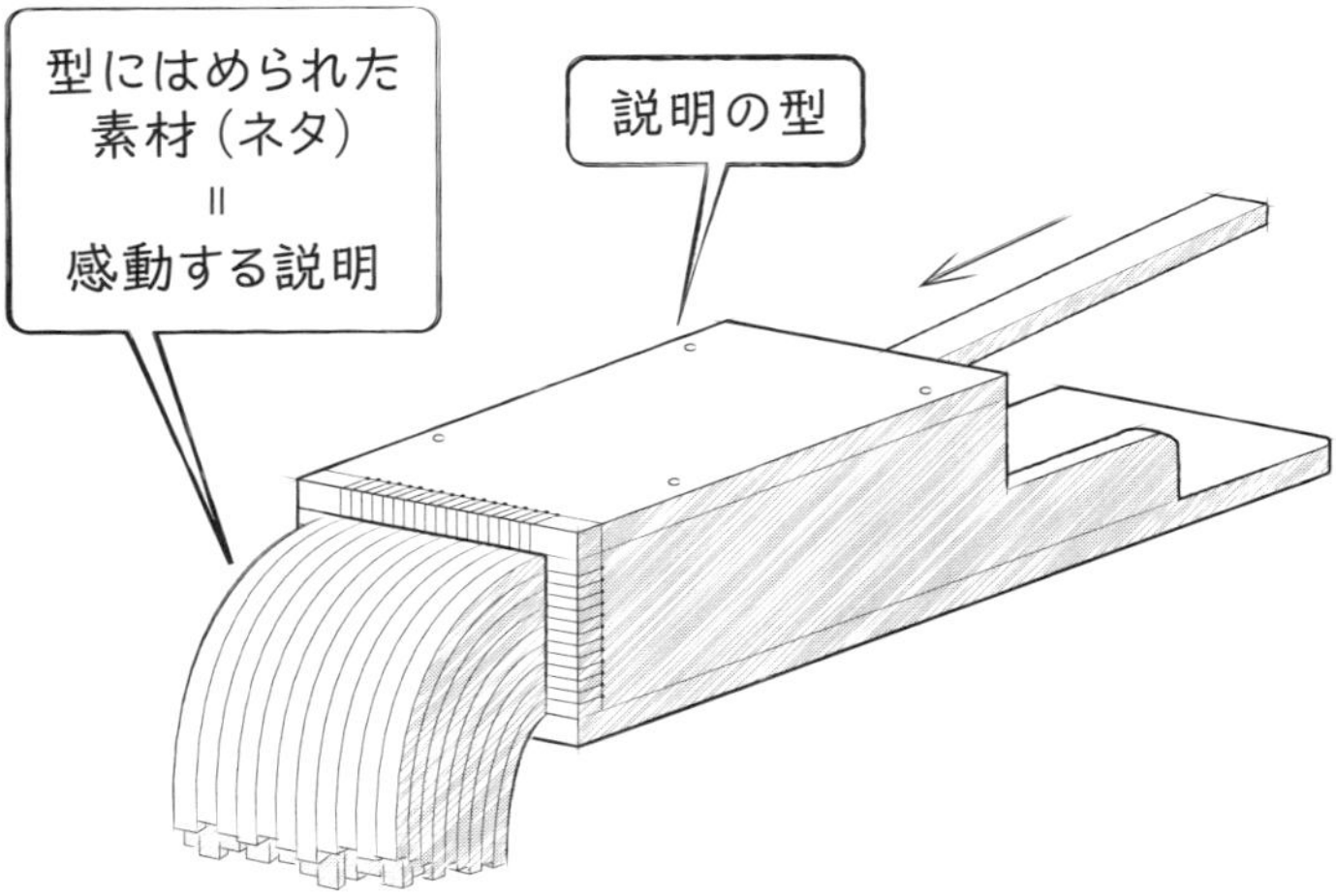

Cの正式名称で、大学入試にもよく出題される物質です。このアスコルビン酸は、実は熱に弱いことが知られています。

そのため、空気中で加熱するとかんたんに酸化され、人体での効果のほとんどを失ってしまうのです。つまりビタミンCは加熱調理すると、栄養素としては身体に吸収されなくなってしまうのです。不適切な調理を施すと、せっかくのネタも台無しになってしまうことがあります。

これは、同じネタを話すにしても、用いる「型」（調理法）によって、聴き手の感じるおもしろさや感動の度合い（吸収の度合い）が変わってしまうということです。

大切なことは「型」にはめるかはめないかではなく、どんな「型」にはめるかということです。そのネタに最適な「型」を選べるかどうかで、話のおもしろさは決まるということです。

ある程度決められたネタを、聴き手の中に吸収されやすいように、どのように調理すべきか。そんな素材に合わせた最適な調理法（型）を選ぶコツも、本書ではお伝えしていきたいと思います。

「感動する説明」は誰でも身につけられる

こうした「型」を自在に使いこなせるようになってから、不器用な私でさえも目を見張るような実績を上げることができるようになりました。

自分が担当する季節講習会では満員御礼が続出。駿台予備学校に入って9年目には、季節講習会での化学の受講者数で日本一になることができたのです。

「受験化学」という素材（ネタ）は、ある意味で「つまらない」かもしれません。ただ、他の講師とまったく同じ受験化学というネタを、「型」に流し込んで説明するだけで、他の講師たちと差別化できるようになったのです。

パフォーマンスだけみれば、明らかに私よりもレベルの高い講師や、お笑い芸人も顔負けの爆笑を取れる講師もいる中で、こういった目に見える成果が出たということは、明らかに「笑い」とは違う種類の「おもしろさ」が、私の説明にはあったからだと考えています。

「笑い」を一切必要としない、人をワクワクさせる「感動する説明」を「型」にすることで仕組み化し、それを武器にすることができたからこそ、成果を残すことができたのだとも思っています。

こうした「型」を、誰でも身につけることができるノウハウにまで落とし込むことがやっとできたので、このタイミングで公開するに至りました。

そのノウハウは、「受験化学」や「学問」というネタにとどまらず、ありとあらゆるネタに適用できるまでに完成させることができたと自信をもって言えます。

そして、この説明ノウハウは、必ずあなたも身につけられるものだと確信しています。

本書を手にとっていただいた時点で、この「感動する説明」は、少なくともあなたの「関心ゾーン」には入っているはずです。「私事の壁」を突破して「関係ゾーン」に入っている方もいらっしゃるかもしれませんね。

つまり、これ以降の本書の最大の役割は「獲得の壁」を壊し、あなたの「自分ゾーン」に入っていくことです。

本書では、素材（ネタ）が何であれ、聴き手に「おもしろい！」と感じてもらえるような説明の「型」を、余すことなくお伝えしていきます。

それではさっそく、次章では、「感動する説明」に必要不可欠な「大原則」から紹介していきます。

第2章

「つまらない」から「感動」へ変える説明の大原則

「つまらない」を回避し、「感動する説明の型」を使いこなすための大原則

前章では、話が「つまらなくなる」パターンと、聴き手に「おもしろい」と思ってもらえるメカニズムを解説し、さらにおもしろい説明とはすなわち「感動する説明」であることについてお話ししました。

本章では、その「感動する説明」をつくり上げていくための大原則について説明していきます。**この大原則は、話が「つまらなくなる」パターンを回避し、話を「おもしろくする」ための型に流し込む際に前提となるもの**です。

つまり、この大原則は、「感動する説明」の8つの型を使いこなすための「土台」となるものなのです（次ページの図）。

何事においても土台づくりはもっとも重要なことです。土台がぐらついているようでは、何も積み上げることができません。たとえば、サッカー選手がどんなにドリブルやシュートの技術を高めようとしても、筋トレやランニングで基礎体力を高めたり、健康管理によ

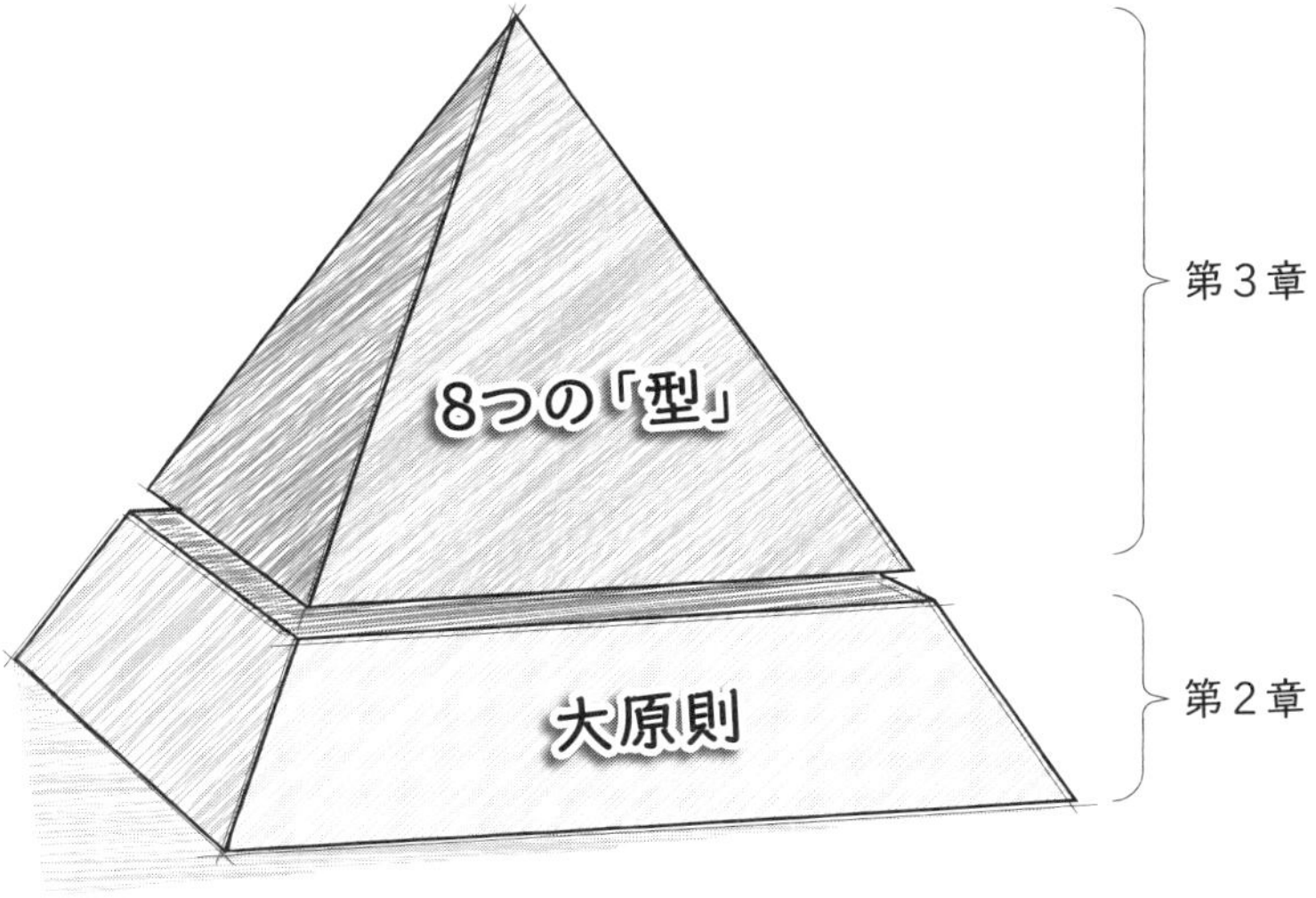

るコンディション調整をしたりしないと、練習の成果は期待できません。もちろん、試合本番で力を発揮することもかないません。

そういった意味でも、本章でお話しする大原則は「感動する説明」の土台であり、その型を習得して武器とするためには必要不可欠なものなのです。

この大原則をきっちり押さえ、揺るぎない土台をつくり、その上で「つまらなくなるパターン」を回避したり、「おもしろい話」に変える「型」を使ったりしていただければ、短期間で驚くべき成果が現れることをお約束します。

逆に言うと、これからお伝えする大原則を外してしまうと、次章で紹介する「感動する説明の型」の効果が薄れてしまいます。懸命に型を駆使しても、結果が出にくくなってしまうのです。

ですから、まずは大原則からしっかりお伝えしていこうと思います。

その大原則が次です。

大原則　話の内容が「おもしろい」かどうかは相手が決めるものと心得る

さっそく、この大原則を具体的に解説していきましょう。

大原則を外した説明の悲劇

これはどういうことかというと、**話のおもしろさの判定そのものは、聴き手に委ねられ**

るということです。

話し手である自分自身がどんなに「価値あるおもしろい説明ができた」と思っても、聴き手がそれを「つまらない」と思ってしまえば、それまでなのです。その話がおもしろいかどうかの最終決定者は、聴き手であるということが大前提となります。

「そんなの当たり前じゃないか」と思うかもしれませんが、この点は意外に見落としてしまいがちです。当たり前すぎて、みんな手薄になっているここをしっかり心得ておくだけで、他人と説明で差をつけることができるのです。

さて、話の内容が「おもしろい」かどうかは相手が決めるということを念頭に置いておかないと、どのようなデメリットが生じるのか。予備校時代のエピソードで説明してみますね。

ある講師が、授業後にこんなことをぼやいていました。

「今日も半分近くの生徒が寝ちゃってたんだよね。なんで、オレの授業の良さを、あの子たちはわかってくれないんだろう……。こんなにハイクオリティな話をしているのに……」

どんな内容を話したのか本人に尋ねてみたところ、どうやらその講師は生徒たちが喜ぶと思って、大学入試の範囲を超えた大学教養レベルの専門知識を話していたようです。しかも、ご本人が研究していた専門分野についてです。具体的には工業用の触媒に関する話だったのですが、化学を専門にしている私にとっては、とてつもなくおもしろくてワクワクする内容でした。私がその授業を受けたかったくらいです。

ただ当然のことながら、生徒からすると入試で出題されるテーマを最優先に話してほしかったようです。受験勉強を前提としている以上、生徒たちは入試本番のパフォーマンスに直結する話にのみ、大きな価値を感じるのです。

聴き手がどんな状況にある人たちなのか。聴き手は何を求めているのか——。それらを踏まえて説明を始めないと、関心をもってもらえず、聴き手自身に関係あることだとも思ってもらえません。そのため、話した内容（ネタ）を生徒たちはマスターすべきだと感じてくれません。

つまり、第1章でお話しした3つの壁を突破できずに、「つまらない話」だという烙印を押されてしまうのです。壁を破れなかった授業内容は生徒の頭には残らず、学習内容を吸収してはくれません。

聴き手のプロファイリングで「つまらない」は9割回避できる

ここからは、この大原則を守るために、具体的にどんなアクションを起こせばいいのかについてお話しします。**話がつまらないと思われることを回避するために、絶対に欠かせないのが聴き手のプロファイリング**です。

ここでいうプロファイリングとは、聴き手に関する情報を事前に集め、分析・把握することです。話のおもしろさを決めるのが聴き手であるならば、その聴き手を知ることから始めなければなりません。事前にできるだけ聴き手のことをリサーチして情報を集めておくのです。

このプロファイリングですべきことは、実は1つだけです。

それは、**話し始める前の段階で、説明する素材（ネタ）がいま聴き手のどのゾーンにあるのかを確認し、それについて聴き手がどんな考えや想いをもっているのかを把握すること**です。これが話をおもしろくするためのプロファイリングにおける最大の目標です。

もちろん、この段階では、推測の域を出なくても構いません。**大切なことは、できるだけ聴き手の頭の中の状態を知ろうとすること**なのです。

聴き手の頭の中を把握するためには、次の3つの視点でプロファイリングを行っていきます。

視点1　聴き手の現在地
視点2　聴き手の到達点
視点3　聴き手の価値観

まず、視点1「聴き手の現在地」から説明していきますね。

視点1：聴き手の現在地――いま「どこ」にいるのか？

プロファイリングをしていく上で最初に知るべきことは、話そうとしているネタが現在、聴き手の中でどのゾーンにあるかということです。

これから自分が説明しようとしている素材(ネタ)について、聴き手はどれくらいの情報量をもっているのか。あるいは、どれくらい理解しているのか。そういったことを探ります。

具体的な方法として聴き手に直接ヒアリングできたり、事前アンケートやテストなどを行うことができたらベストです。

私も企業研修で登壇させていただくことがあるのですが、そのときは可能な限り、企業の人事担当や受講生の方々にヒアリングや事前アンケートを実施します。その上で、研修で話す内容をアレンジし、効果的な話術、つまり次章で紹介する説明の「型」の選定を行うのです。

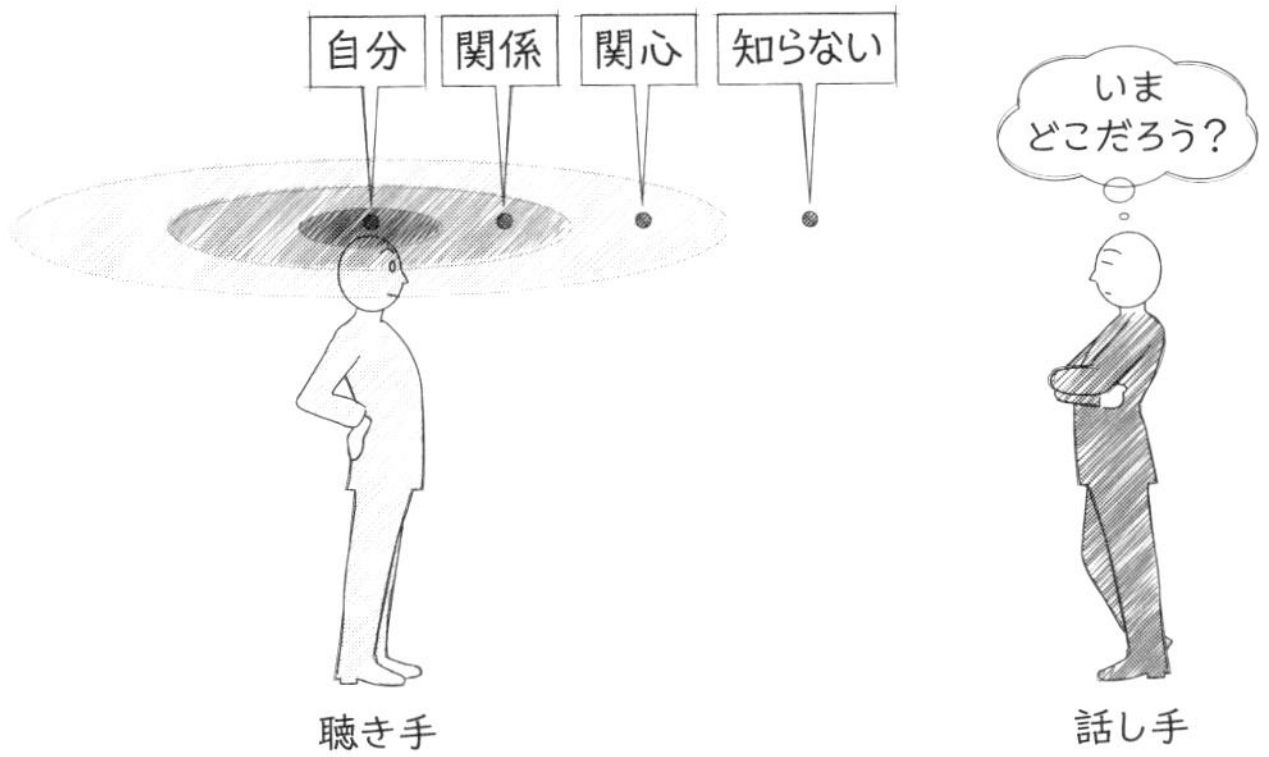

たとえば、私が新入社員向けに「説明のスキルアップ研修」を行うときに実施する事前アンケートの質問項目は、以下のようなものです（受講希望者にアンケートを実施します）。

Q1・あなたの仕事上のコミュニケーションで課題だと思っていること、困っていることはありますか？　あった場合、誰と誰の間における（たとえばクライアントと自分……など）、どのような課題ですか？

Q2・あなたの仕事上、「説明力不足」が原因で生じた問題はありますか？　あった場合、誰と誰の間におけるどのような問題でしたか？

Q3・コミュニケーション力のスキルアップ研修を受講したあと、現場であなたはどのような成果を上げたいですか？

Q4・受講する社員研修で、担当講師にもっとも期待することはなんですか？

Q5・社員研修でやってほしくないことや、講師に理解が必要なことがあれば教えてください。

Q1・2では、問題意識や課題を中心に答えてもらうことで、顕在化している問題や課題が何で、それがどんな位置（関係ゾーンや関心ゾーン）にあるのか、おおよそのところが見えてきます。さらに、ここに書かれていない潜在的な問題や課題（「知らないゾーン」にあるネタ）にはどんなものがありそうかもおおよそ見えてきます。

また、Q3・4では目標などを答えてもらうことで、聴き手が自分自身の中に取り込んでマスターしたいことは何なのかを探るのです。

なお、Q5は、聴き手に不快感を与えたり、傷つけたりする発言をしないようにセーフティネットを張るための質問です。

「推測」の精度を上げる方法

一方、予備校の授業では、事前アンケートなどはほとんどできません。そのため、授業前に生徒からヒアリングするか、あるいは講義の冒頭にテストを実施します。

通常、テストといえば、一定のカリキュラムが終わってから理解度を確認するために行うことが一般的ですが、私の場合は、生徒の理解度にバラツキがありそうな単元やテーマを説明するときに、あえてテストを先行させます（このようなテストを診断的評価といいます）。

こういった**テストやヒアリングを通して、説明を始める前の段階で聴き手の理解度などをできるだけつかんでおく**のです。

もちろん、説明の前に聴き手と接点をもつことができない状況もありますので、そういったときは推測を中心に行います。推測の精度を上げるための手段はいくつかあります。たとえばセミナーや講演会で話すときならば、参加者の名簿を事前に見せてもらうことが可能ならそれも有効です。参加者の所属企業や業種など、名簿から読み取れる情報はプロファイリングに役立ちます。どんな人が出席するのかを把握し、これまでの自分の経験とすり合わせて推測するのです。

その一方で、参加者の情報がほとんど手に入らない場合もあります。以前、知人の紹介でベンチャー企業の営業職向けに研修を行ったときの話です。そのときの研修テーマは「説明のスキルアップ」でした。

小規模なベンチャー企業なのですが、その会社には人事部門がなく、かつ社員の皆さんが超多忙で、営業の方々は外回りをしていることがほとんどでした。

そのため、研修前に事前アンケートを実施することができませんでした。

そこで私が行ったのが、ホームページ検索です。ここを隅から隅まで眺めます。

さらに、会社の広報活動の一環として、社員の皆さんもツイッターとインスタグラムをやっていることがわかったので、そのつぶやきや投稿内容を見て、説明スキルのレベルや課題などをチェックしました。

研修内容に直接関係なさそうに思えるツイッターやインスタグラムなどのＳＮＳを事前に見ておくだけでも、いろいろな情報が手に入るのです。


このように、**まずは〝敵〟を徹底的に知るところから始めることが、つまらない話を回避し、おもしろい話にしていくために必要不可欠**なのです（本来、聴き手は敵ではありませんが）。

視点2：聴き手の到達点――どうなってもらいたいか？

視点1　聴き手の現在地
視点2　聴き手の到達点
視点3　聴き手の価値観

視点2は、「説明することで聴き手にどうなってもらいたいか」という聴き手の到達点を決めることです。もう少し説明すると、「話すネタを、聴き手の中のどのゾーンからどのゾーンに移動させたいか」を決めるということです。

このステップでは、説明によって、どのゾーンまで点を移動させるかを設定していくことになります。**聴き手に自分の話を聴かせた結果、**

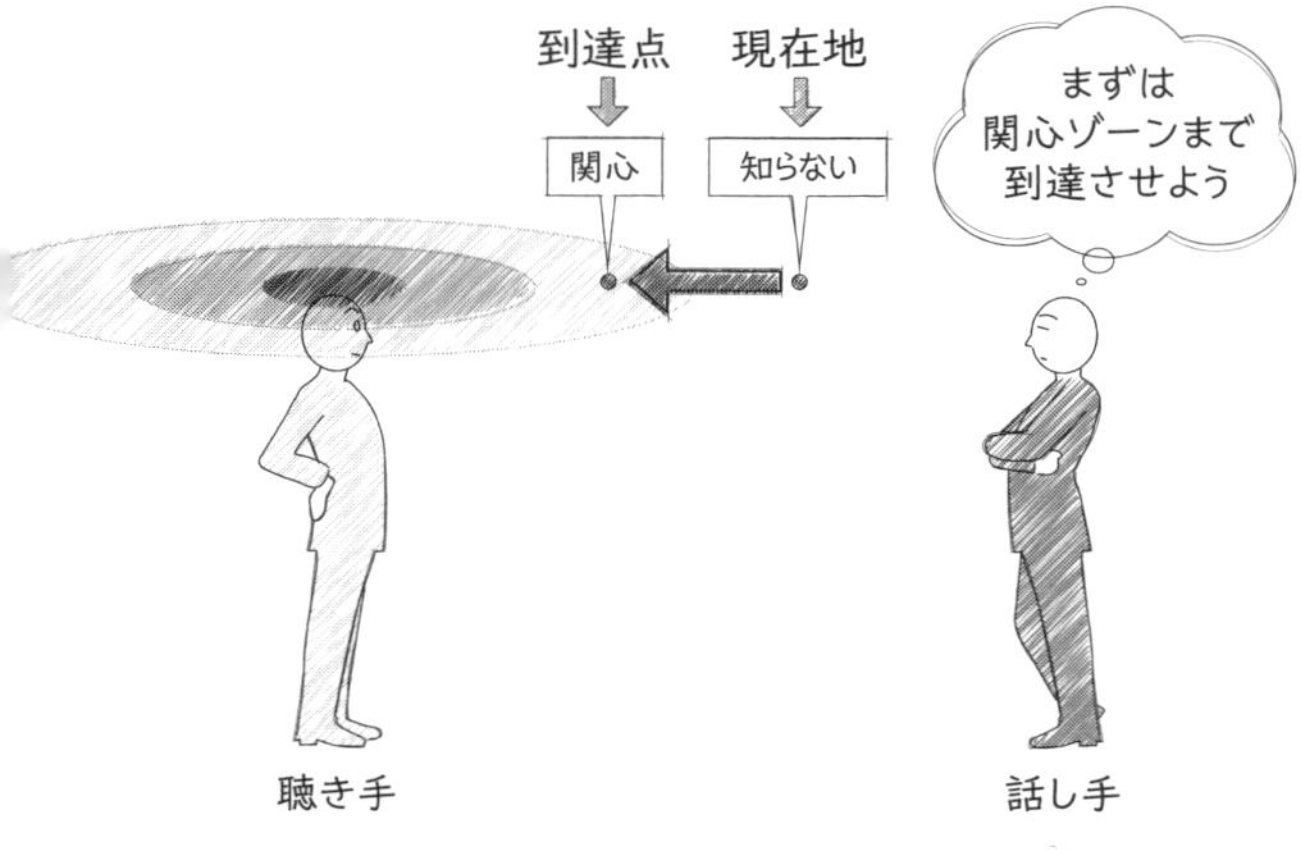

ネタを聴き手のどのゾーンまで到達させればいいのかというゴールを考えるのです。

ここで大切なことは、自分が「何を話したいか?」ではなく、聴き手に「どう変わってほしいか?」をまず明確にするということです。

そこから逆算することで、「どう話すべきか?」が浮き彫りになってきます。すなわち、第3章でお話しする「どの型を使って説明すべきか?」が明確になってくるということなのです。

「聴き手の欲求」に応えるだけでは不十分

まず、**具体的に探るべきこととしては、聴き手自身がどのゾーンまで点を移動させたいかという「聴き手の欲求」**です。たとえば、予備校の聴き手である生徒のもつ欲求は、もっぱら「自分ゾーン」への移動となります。予備校の授業は、聴き手である生徒が最終的には学習内容をマスターできることで初めて満足度が高まります。

もちろん、聴き手の欲求が、「まずは興味・関心をもてるようになればＯＫ」という場合もあります（下図）。

ただし、ここで大切なことが1つだけあります。それは「**話し手は、聴き手の視野を広げてあげるべきだ**」ということです。

聴き手が「この話は関心をもつだけでいい」と思っていることでも、自身との「関係」にまで気づかせてあげたほうが、聴き手にとってメリットがあるということは少なくありません。

たとえば「災害時の対応策」を思い浮かべるとわかりやすいと思います。多少の関心はあるけど、いまいち自分には関係のないことだと思いがちですよね。いざ事が起こってからでないと「関係」を感じにくいということは、多くの

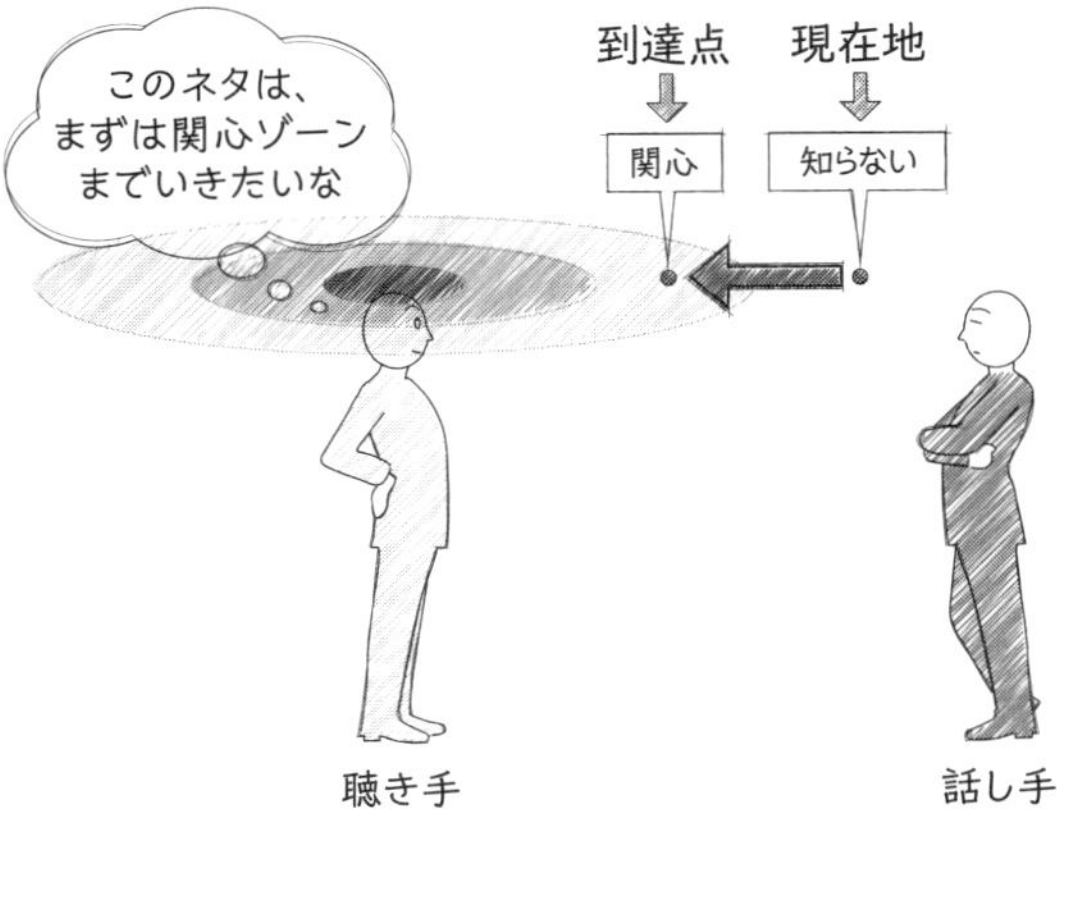

方が共感できるのではないでしょうか。

事が起こる前に聴き手が「災害時の対応策」と自分との関係性を理解し、さらには災害が起こった際の行動ノウハウをマスターすることができるならば、そのネタは聴き手にとって大きな価値になるはずなのです。つまり、聴き手の見えている世界を広げてあげるのも話し手の役目だということです（下図）。

ちなみに災害対策というおもしろみに欠けるネタでも、聴き手に「なるほど、そうだったのか！」とワクワクしながら聴いてもらえるような説明の「型」があります。その「型」については、次章でお話しします。

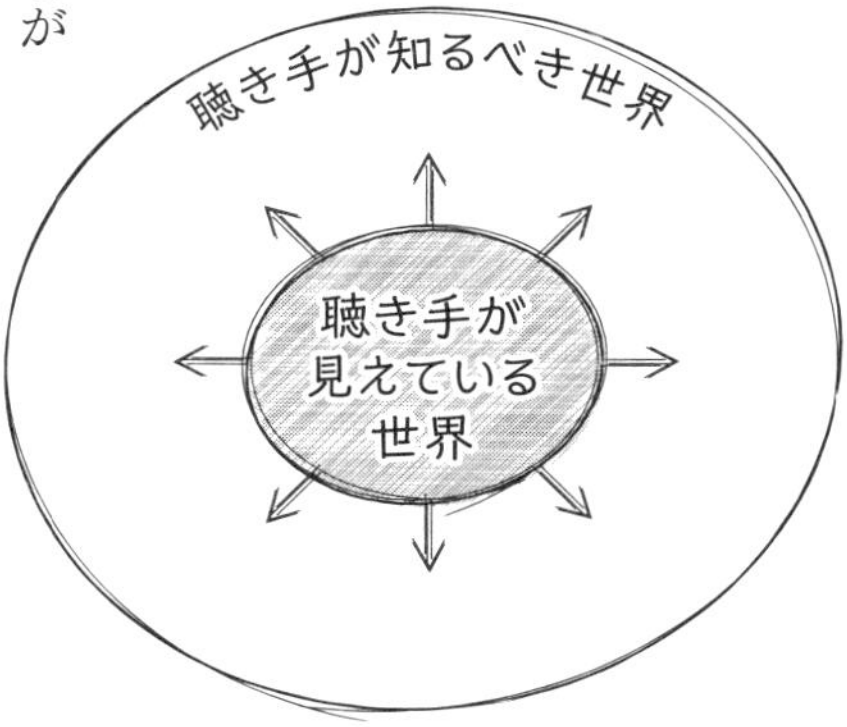

第2章

「聴き手のメリット」が最大化するゾーンを見極める

先の災害対策の例のように、**聴き手の求めるゾーンが聴き手のメリットが最大化する**

ゾーンになっていないということに気づくことは大切なポイントです。

どのゾーンに点を移動させることが聴き手にとって最大のメリットになるのか——それは話し手が冷静に見極めなければならないことです。**「聴き手の求めるゾーンへの到達」と「聴き手のメリットが最大化するゾーンへの到達」が合致していないことを見極めて説明ができる人こそが、本当に優れた話し手**だと思うのです。

ちなみに、**聴き手にとって最良のことは、究極的には「自分ゾーン」への到達**だと私は考えています。話し手の情報や知識が完全に聴き手に移行できた状態です。「自分ゾーン」に移動させるためには、「自分の中に取り入れてマスターしたい！」と思わせる必要があります。それができるかどうかは、もちろん説明する素材（ネタ）にもよります。ネタが「野球のバッティング方法」であり、聴き手が野球に関心がない場合、それをマスターしたいと思わせるのは難しいですよね。

最終ゴールを、聴き手がマスターできる「自分ゾーン」に設定するのは、私が教育畑の人間であるということも大いに関係していると思います。

もちろん、聴き手が求めている以上のことを話すことにはリスクもあります。「余計なお世話だ！」と思われてしまうこともあるかもしれません。

ただ、それでも、**聴き手のメリットを最大化するために、「自分ゾーン」にゴールを設定するのは悪いことではない**と思っています。

相手のためになるなら、余計なお世話だと思われるかどうかは取るに足らないことです。そんなことを、いち教育者の端くれとしては大事にしたいと思っています。

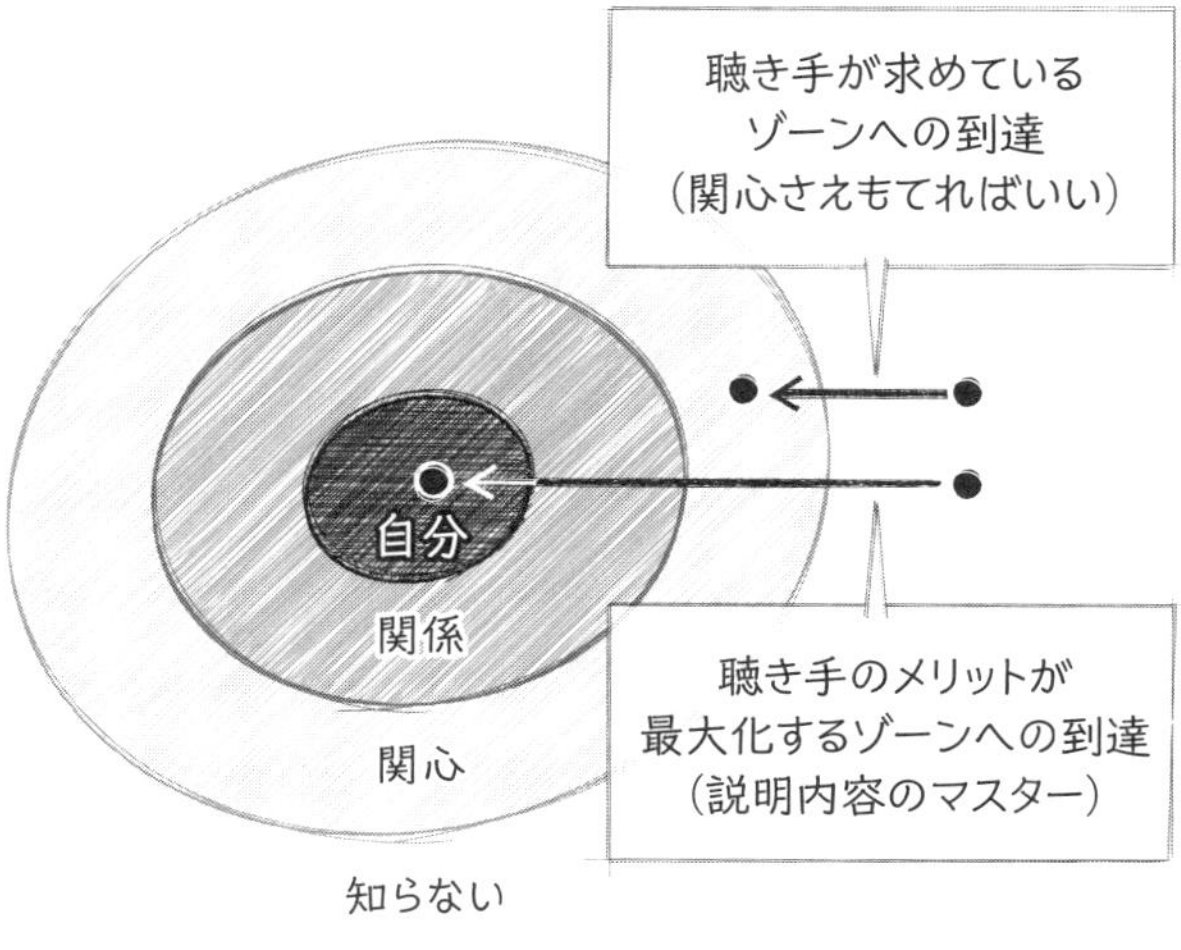

視点3：聴き手の価値観――彼らは、どう思っているのか？

視点1 聴き手の現在地
視点2 聴き手の到達点
視点3 聴き手の価値観

続いて、視点3「聴き手の価値観」についてお話しします。

話におもしろみを感じてくれるかどうかは、聴き手の価値観やそのときの心情で決まることが多々あります。

視点1「聴き手の現在地」のパートでお話ししたように、聴き手がどれくらいの情報量をもっているか、あるいはどれくらいの理解度なのかを知ることはもちろん重要です。

ただ、それ以上に大切なのが、そもそも話の内容を肯定的に捉えているのか、あるいは否定的に捉えているのか。何を良しとして何を悪しとしているのか――。こうした「聴き手の価値観」を知ることが、聴き手におもしろみを感じさせる上で大きく影響していくのです。

どんなに話の素材（ネタ）が魅力的であったり、説明の型を活用した素晴らしい話術であったとしても、聴き手が話の内容に関して後ろ向きな考えをもっていたら、説明は一切聴き入れてもらえない可能性が高くなります。端的に言えば無視されてしまうということです。

たとえば、私の研修テーマである「説明スキル」というものは、受講生の方々にとって「難しくて苦手」とか「ロジカルでめんどうくさい」とか、そういった負のイメージをもたれがちです。

それにもかかわらず、「説明スキルなんてかんたんです！」とか、「説明は、なんて素晴らしいものなんだ！」といったスタンスで私が話すと、まず受け入れてもらえないでしょう。だからこそ、聴き手の価値観、つまるところ感情面でのプロファイリングをしたいのです。

それでは、「聴き手の価値観」のプロファイリングは、具体的にどうやっていけばいいのでしょうか？

私の研修テーマである「説明スキル」でいうと、まず「説明」というものに抱く相手の印象を慎重に探るところから始めます。そのためには、直接的に質問したり周辺情報をリサーチする方法だけではなく、相手を観察するという手法が役に立ちます。

相手の印象を探るために有効な観察ポイントがあります。それは、**言葉を投げかけたときの聴き手の表情**です。

たとえば、「ロジカルシンキング」という言葉を発したときに、眉間にしわを寄せたり、口がへの字になったりする方は、基本的には「ロジカルシンキング」に対して後ろ向きの印象をもっています。「自分にはできない」とか「難しい」、「人は論理だけでは動かないよ」——感性を重視

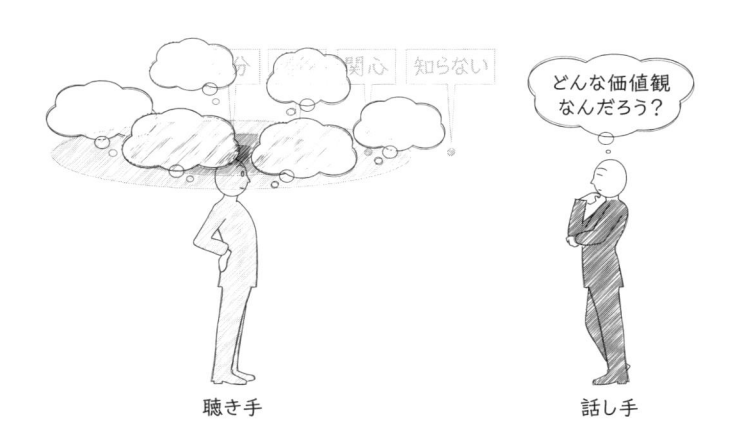

する方だと、それが如実に顔に出てしまいますね。

また、**価値観を知るための事前のリサーチ、あるいは対面での質問で、聴き手が普段どんなコンテンツを消費しているのかを知ることも、聴き手の価値観をより正確に理解する上で役立ちます。**たとえば、

「普段、どんな本を読んでいますか？」
「話し方のセミナーに通ったことはありますか？」
「普段、バラエティ番組やお笑い番組を観ていますか？」
「休日は何をしていますか？」

このような質問をすることで、聴き手がどんなコンテンツの消費に時間を使って、何に喜びを得ているのか、少しずつ見えてくるはずです。

繰り返しになりますが、**人の価値観や心情というのは、おもしろさの感じ方に大きな影響を与えます。**裏を返せば、こういったことをプロファイリングできていたら、自分の説

明を聴き入れてくれる突破口も探しやすくなるということなのです。
自分の説明をポジティブに聴いてもらう土台をつくっておくために、このようにして相手の価値観をできるだけ知っておいたほうが良いのです。

聴き手の「真の目的」は価値観から見抜く

ここまでお話しした通り、**聴き手の価値観に合致するネタは、聴く優先順位を上げてもらえます。**裏を返すと、聴き手にとって優先順位が高いネタは、聴き手の価値観に合致しているネタでもあるということです。

もちろん、価値観は人によってバラけてしまうことはよくありますので、聴き手が複数いたら、「すべての人の価値観に合う話をするなんてムリ！」と思ってしまうかもしれません。そんなときは、**「そもそも相手があなたの話を聴く目的は何なのか？ なぜあなたの説明を聴く必要があるのか？」と考えてみるのが、聴き手たちの共通の価値観を知るコツです。**それを突き詰めていくと、共通した「聴く真の目的」が浮かび上がってくるからです。

聴き手が本来もっている目的に対して、それよりも優先順位の低いレベルの内容を、優先順位の高いものと勘違いして話してしまうと、聴き手は確実に話し手から距離を取ってしまいます。

「この人の考え方、私とは違うな……」

そう受け取られてしまうのです。

先ほどの「予備校の生徒たちに、自分の大学時代の専門分野の話をしてしまった講師」の例でいうと、その講師の目的は「化学に興味・関心をもって、化学を好きになってもらうこと」でした。一方、受験生である生徒たちの目的は、「受験化学の入試問題が解けるようになること」です。

受験生は大学に合格するために、多額の費用と

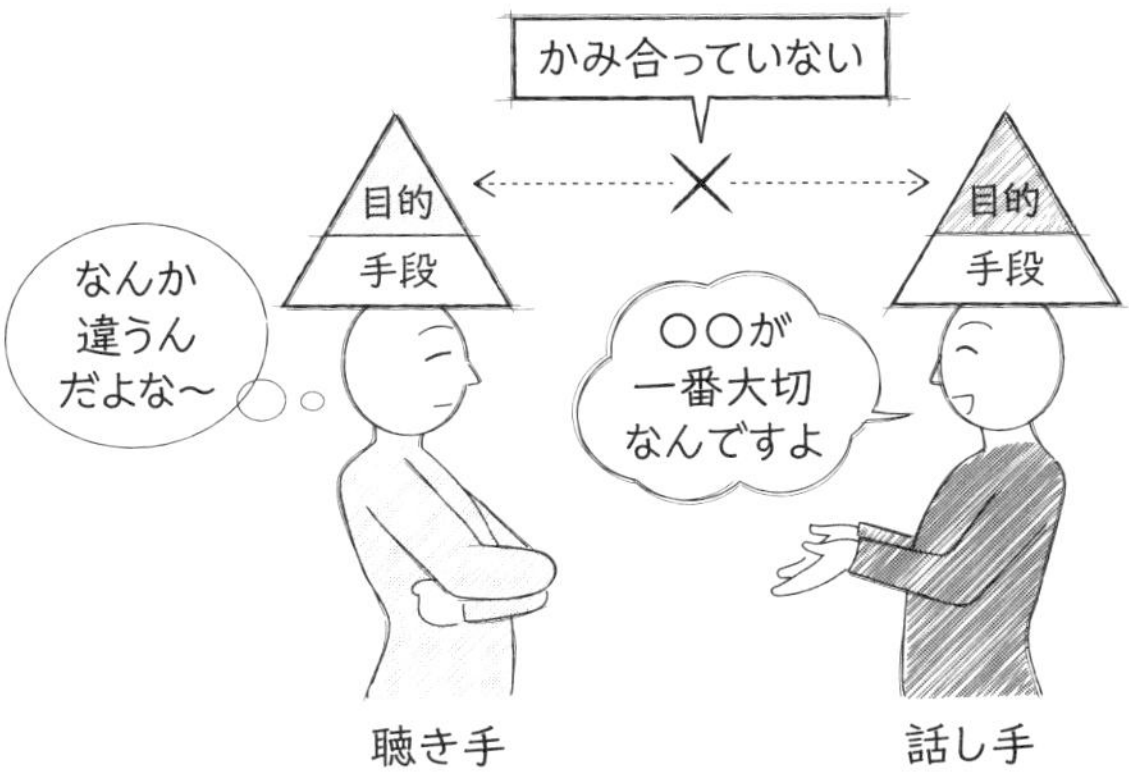

貴重な時間をかけて予備校に通っているのです。化学を「好きになる」よりも、化学の「問題が解けるようになる」ことのほうが、ほとんどの受験生にとっては大切なのです。

確かに受講生の中には将来化学の道に進むような生徒もいるでしょう。しかし、彼ら彼女らは大学受験のために私の「化学」の授業を受けているだけであり、将来的に生物学や物理学、医学や数学を志すという生徒も大勢いるのです。クラスによっては、化学の道に進む人のほうが少ない場合が多々あります。

そう考えると、説明する側は、化学を好きにさせることを最優先する必要はないのです。大多数の生徒の「共通の目的」に合わせて、化学の問題が解けるようになる話を展開すべきなのです。そ

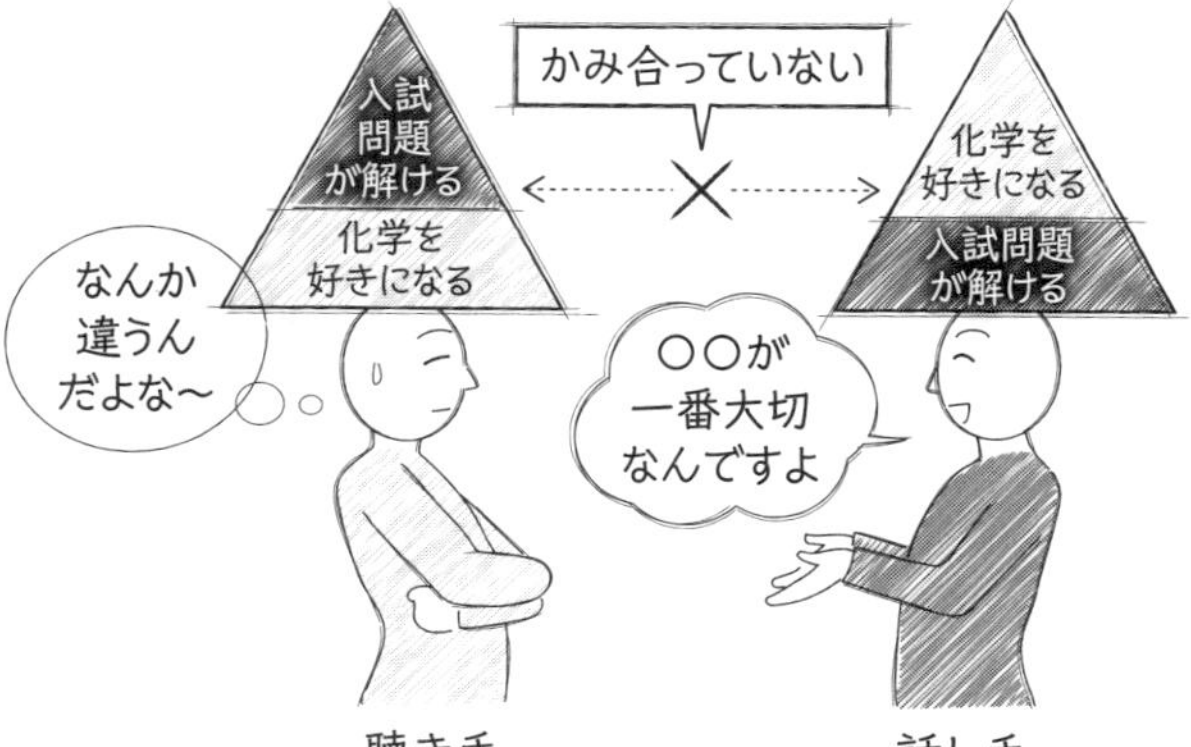

うしなければ、話し手側が良かれと思ってした説明も、聴き手の目的に合致せず、場合によっては負担を強《し》いてしまうこともあるのです。**大切なことは、聴き手が何を求めているのか、それをあくまで客観的に把握すること**なのです。

聴いているときのストレスを最小限に抑える

本章の最後に、少しだけ補足をしておきます。それが、説明することで聴き手にかかる「ストレス」についてです。基本的に、**説明によって聴き手の頭の中で点の移動を起こすということは、多かれ少なかれ聴き手にストレスをかけることになります。**

これまでお話ししてきたように、壁を突破したときはワクワクするのですが、壁の破壊そのものにはストレスが伴うのです。

さらに言うと、「自分ゾーン」に近づくほど、よりストレスがかかります（次ページの図）。つまり、内側の壁を壊そうとするほど、聴き手はより大きなストレスを感じるのです。

人間には恒常性（ホメオスタシス）というものがあります。これは、自分の中身（内部環境といいます）を一定に保ち、変化させないようにするはたらきです。

聴き手にとっては、新しい情報や知識を取り入れようとすることはすなわち内部の変化を起こすことです。これは、**恒常性（ホメオスタシス）に逆らってしまうので、無意識のうちにストレスがかかってしまう**のです。

特に、「知らないゾーン」から「自分ゾーン」への長距離の点の移動は大きなストレスを伴います。3つの壁を一度にすべて壊すストレスを受けるからです。

たとえば、ある文系出身のビジネスパーソンに、私が受験化学で扱う「ファントホッフの法則」や「総熱量保存の法則」を自

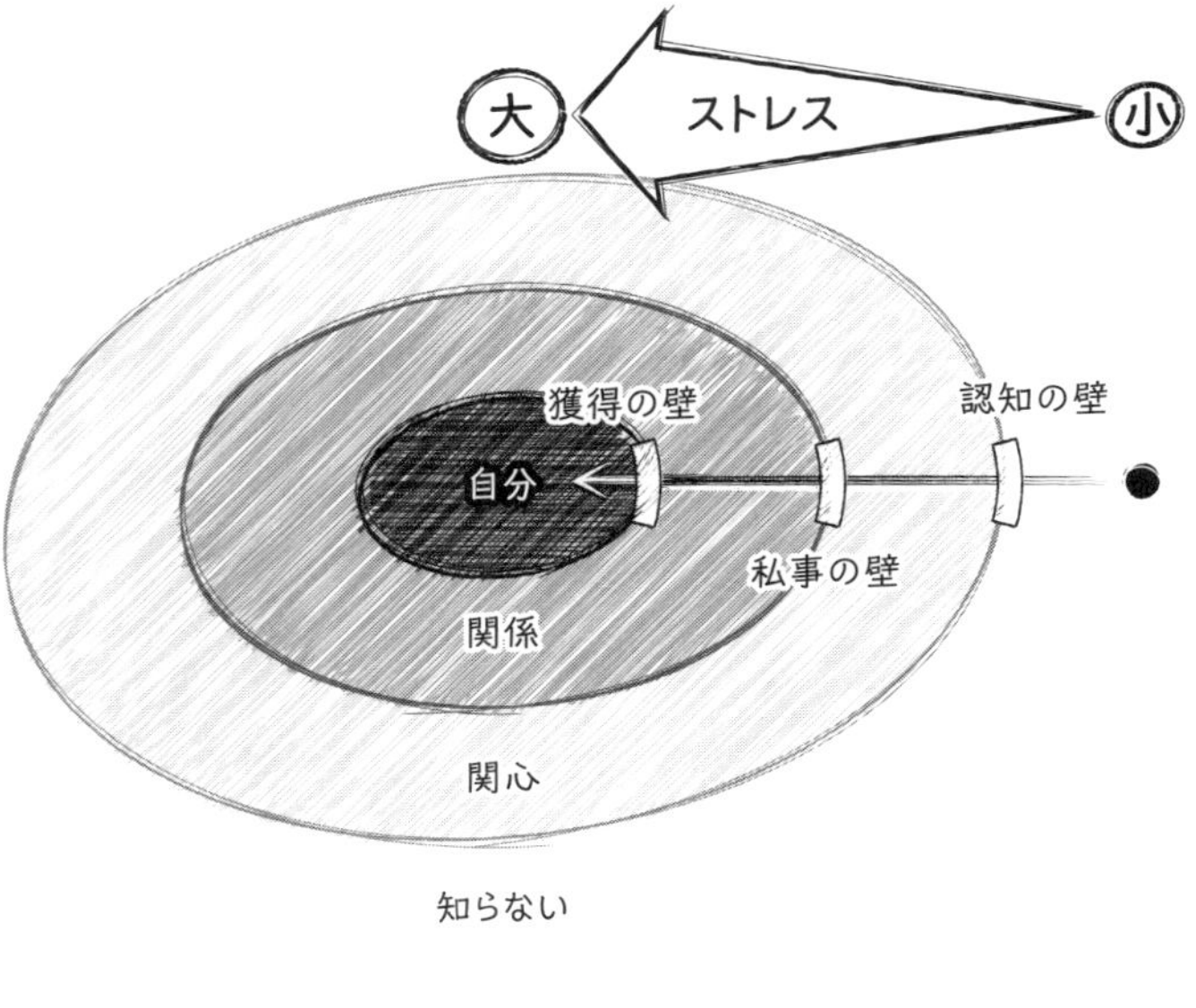

在に使いこなせることを目的に話さなければならないとしたら、どうでしょうか？

理解することへの必要性をどう説明するか？　どのように興味・関心をもたせるか？　それらの法則の必要性をどう提示するのか？　身につけるために、どんなスキルトレーニングを説明しなければならないのか？

こういった説明には、必ずストレスがついてまわるものです。ただ、前述のように、**聴き手の「3つの壁」の突破をスムーズに行うためのステップを、話し手が1つひとつ考えることは、聴き手のストレスを最小限に抑えることにつながる**のです。

ストレスを最小限に抑えるためには、話すべき素材（ネタ）を精査することによって情報量を絞り、聴き手に〝情報の消化不良〟を起こさせないことが必要です。必要以上に情報量が多いと、キャパオーバーして消化不良を起こしてしまいます。

あるいは、人によってはどうしても生理的に受けつけないという情報もあるかと思います。それも消化不良の原因になります。

情報の消化不良というのは、ストレスを増幅させる最大の要因になります。喩《たと》えるならば、満腹なのに続けて料理が出てきたり、お腹は減っていても自分の嫌いな食べ物のフルコースであったら、口にしたくありませんよね。ストレスはどんどん大きくなってしまいます。

つまり、聴き手に負担をかけるような説明は、聴き手にとってはおもしろみを感じるどころか、ただただ避けたいだけのストレスフルな「つまらない話」になってしまうということなのです。

ストレスのかかり方は、聴き手によって異なる

実は、**同じネタを話すにしても、聴き手によってストレスのかかり方は異なってきます。**ストレスを感じる人もいれば、ほとんどストレスを感じない人もいるのです。

たとえば、先ほどの「ファントホッフの法則」や「総熱量保存の法則」――。この知識を理解することは、文系出身のビジネスパーソンにはストレスが大きいかもしれません。

一方、大学の理系学部を志す受験生であれば、同じように話してもそのストレスは極端に下がります。もちろん、理系受験生の中でも化学が苦手な生徒もいれば、東大の理系学部を志望するような化学が大得意という生徒もいます。理系受験生の中でもストレスのか

かり方は変わってくるのです。

つまり、**聴き手のプロファイリングをすることが、聴き手にかかるストレスを予測する上でも必要**だということです。これまでお話ししてきたことを実行していくことで、少しずつ聴き手にかかるストレスの程度がつかめてきます。

「わかりにくい」が最大のストレス

なお、聴き手の「3つの壁」の突破をスムーズに行い、聴き手のストレスを最小限に抑えるための方法を1つ教えてくれと言われたら、私は迷わず「難しいことをわかりやすく説明すること」と答えます。

あなたと聴き手の知識や理解度にギャップがあるとき、その格差に対して聴き手は「難しい」と感じます。そのギャップを小さくできればできるほど、聴き手はスムーズに壁を突破することができます。

話の内容が聴き手にとってわかりやすいほど、聴き手の感じるストレスは減っていくのです。つまり、「わかりやすい説明」というのは、3つの壁をいともかんたんに壊せる高性能なドリルのようなものなのです。

もし、こういったわかりやすい説明スキルに興味がありましたら、拙著『頭のいい説明は型で決まる』（PHP研究所）をぜひご覧いただければと思います。

最後に、この大原則を定着させる上での最良の方法をお伝えしますね。それは**「聴き手に対して関心をもつこと」**です。

話し手が、聴き手に対してどれだけ興味・関心をもつことができるか——。この大きさが、聴き手のプロファイリング

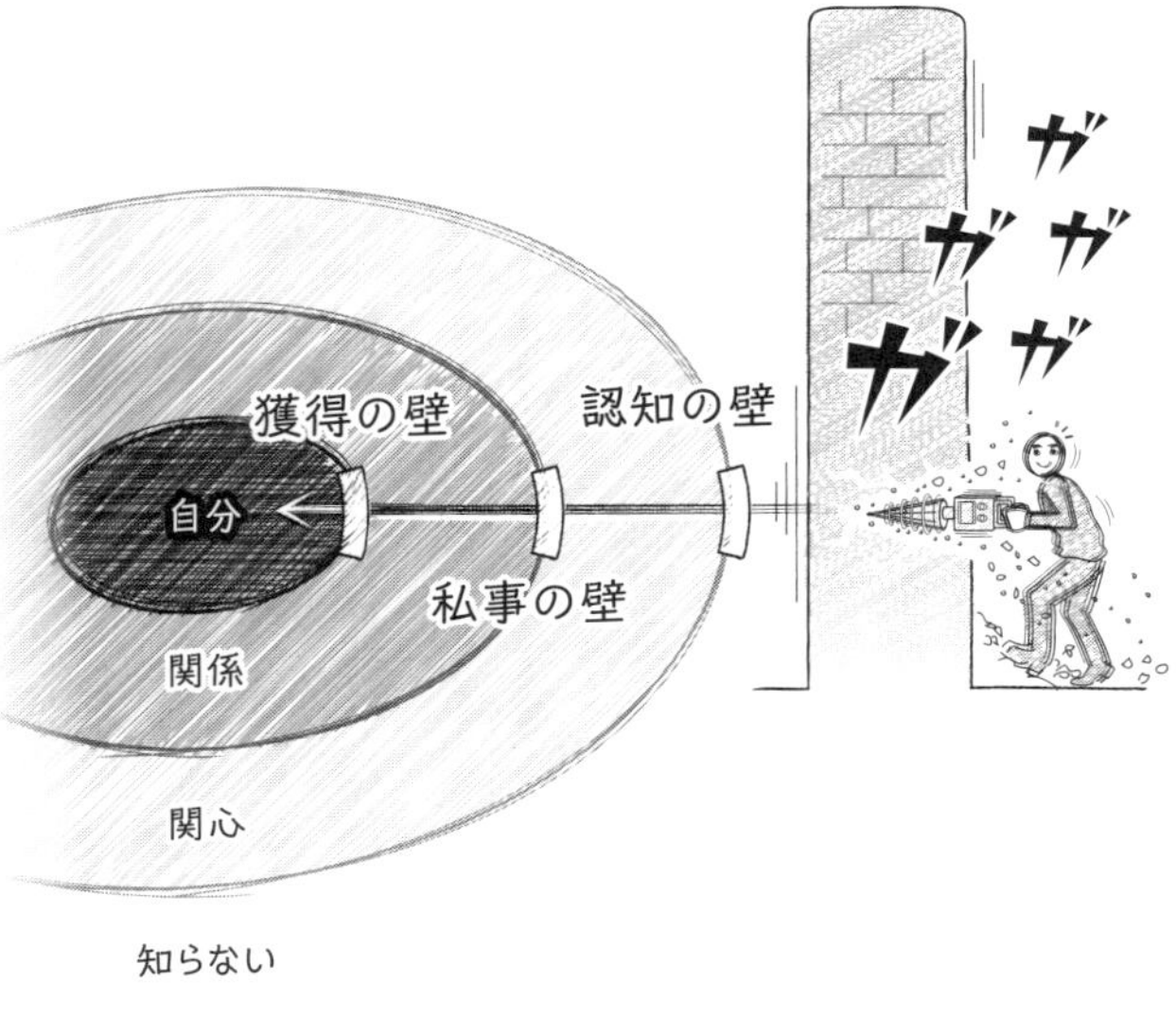

の成否を決めてしまうといっても過言ではありません。
自分の説明をポジティブに受け取ってもらうためにも、まずは聴き手に対してしっかりと興味をもつところから始めないといけませんね。

それでは、次章から「感動する説明」の8つの型を本邦初公開していきたいと思います。全部で型は8つありますが、どの型から読み始めていただいてもかまいません。あなたの「関心ゾーン」にある型からぜひ「自分ゾーン」へ移動してもらえたらと思います。

第3章

誰でもすぐできる「感動する説明」8つの型

型の１　「メリット訴求」

「話していて、相手が『つまらなさそう』と感じたことはありませんか？

ケータイいじってんなぁとか、他の人としゃべり始めちゃったとか、うとうとしはじめちゃったとか……あからさまに『あなたの話、つまらない』と言わんばかりの態度をとられてしまったことはないでしょうか？

これからご紹介する『感動する説明』の型を身につけるだけで、まず間違いなく聴き手に「おもしろい！」と思ってもらえる説明ができるようになります。

たとえば、私の説明スキルをお伝えしたあるビジネスパーソンは、初めて社内研修講師を担当したところ、外部のプロ講師顔負けの高評価を得られたそうです。

それというのも、不器用で話し下手だった私が、塾・予備校講師として19年以上磨き上げてきた説明スキルを、誰にでも使いこなせる型にしてその方にお教えしたからです。

この『感動する説明』の『型』としては、全部で８つあります。１つ目の型は、……」

まず、1つ目の型が、「メリット訴求」です。説明を聴くことのメリットを相手に伝えるというものです。

たとえば、前ページでこれから型の説明を聴く（読む）メリットをお伝えしました。

話し手と聴き手の間に、深い信頼関係があったりすれば別ですが、人が誰かの話を聴くときにたいていの場合はまず「……で、その話、聴いて何の得があるの？」と思うはずです。

この「メリット訴求」の型は、まず聴き手側のメリットをしっかり説明し、聴き手の欲求をかき立てることを目的とします。

「説明を聴くメリット」とは、説明を受けることで聴き手にどんな良いことがあるかということです。これをまず伝えることで、説明の中身（ネタ）を聴き入れる態勢が初めて相手に整うのです。

「説明を聴くメリット」は、聴き手自身が気づいていない潜在的なニーズになっていることも多々あります。だからこそ、それを言語化して明確に伝えることで、説明を聴いてもらうモチベーションを高めるのです。

「メリット訴求」をしておくことで、まったく「知らない」ゾーンにある話のネタでも、場合によっては「自分ゾーン」にまで一気に移動させることができます。

この「メリット訴求」の型は、それぞれの壁を柔らかくさせ、ネタをスムーズに突破させる機能がありま す。まさに、壁の柔軟剤といえます。

たとえこの型を使って「自分ゾーン」までいけなくても、少なくとも「関係ゾーン」にまではかんたんに入ることができるでしょう。

つまり、「説明を聴くメリット」を伝えることは、聴き手のモチベーションを上げる大きな要因になるのです。

この型を使うときの具体的な手順が、以下の４ステップとなります。

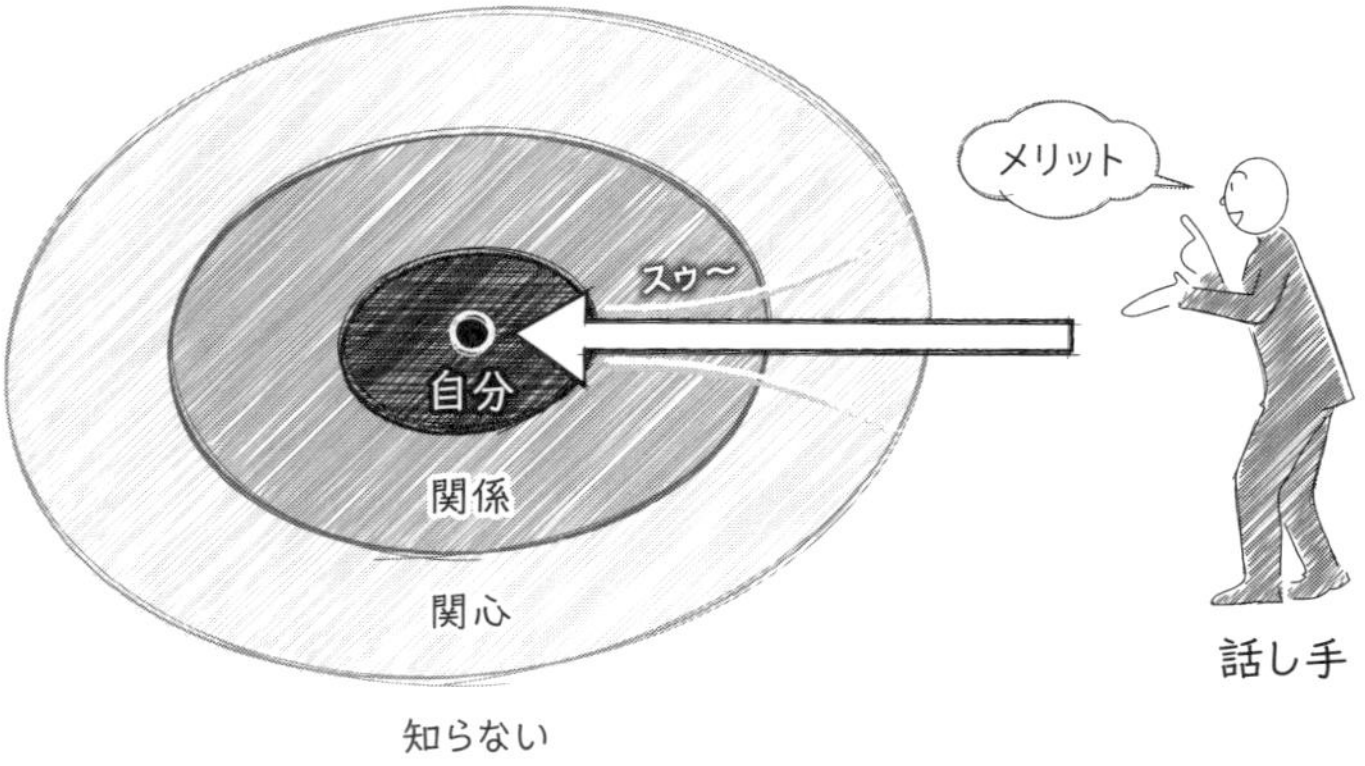

Step１ 相手の問題点を炙《あぶ》り出し、メリットの存在に気づかせる
Step２ すでに説明を聴いた人の成功事例を紹介し、聴き手の頭の中に絵を描かせる
Step３ 自分がそのメリットを提示するに値する人間だという理由を説明する
Step４ メリットを享受できる具体的なステップを説明する

この手順を踏みながら聴き手のメリットをしっかり説明していくだけで、相手は驚くほど「説明を聴くメリット」を理解でき、さらに、話の内容に大きな価値を感じてくれます。

それでは、各ステップについて、１つずつ説明していきます。

Step１：相手の問題点を炙り出し、メリットの存在に気づかせる

ここではまず、聴き手に「解決すべき問題があるじゃないですか？」と教えてあげることから始めます。

もしも聴き手が、自分自身の解決すべき問題（ニーズ）を初めから自覚していれば、「関係ゾーン」からスタートできます。ただ、意外にも本人が自覚していない、つまり潜在的なニーズになっていることのほうが多いのです。

たとえば受験生を例に挙げると、あるパターンの入試問題で普通に解くと20分かかるものでも、うまいやり方をすると5分で解ける解法が多々あります。でも、ほとんどの受験生がそれをまったく知らないのです。「解くのに無駄な時間を割いている」という問題点を、本人が自覚していないのです。

同様に、私が企業のコンサルティングをするときにも、自社で解決すべき課題をクライアントが自覚していないというケースは多々あります。

私のほうから仕掛けてクライアントの潜在的な問題点に気づいてもらい、それを解決するメリットを説明しないと、解決策の提案そのものに聴く耳をもってくれないのです。

このように、聴き手側が必要なものをわかっていないということは案外多いものです。だからこそ、話し手が問題点やメリットの存在に気づかせる説明から入ることが必要なのです。このステップを踏むことで、相手の頭の中に「説明を聴く理由」をしっかり植えつけることができるのです。

まずは、聴き手の潜在的な「お困りごと」「お悩みごと」を顕在化させるような説明が必要になります。たとえば、企業向けの研修プロデュースをしている私の仕事では、人事の担当者に対して次のように提案をします。

「研修を実施する上で、最大の課題は何になると思いますか？　それは、研修で学んだことを研修後に実際の業務に生かすことです。もし、それができなかったとしたら、研修に投下した費用は、すべて無駄金となってしまいますよね。
それを避けるためには『研修内容の復習の仕組み化』が重要なのです。弊社では、つくり込まれたテキストとフォローアップ用動画の組み合わせで、実施した研修を復習しやすい仕組みを構築しています。そこが他社さんとは異なる弊社の一番の強みなのです」

実際にはもっとソフトに説明しますが、こんな感じになります。

「研修を受けただけでそれが現場で生かされていないかもしれない。研修に投下した費用は、もしかしたら無駄金となっているかもしれない」――このことは、クライアント自身もうすうす気がついているかもしれません。そこをあえて面と向かってはっきり伝えることがポイントです。

聴き手にとって「本来的に痛いこと」「目を背《そむ》けてきたこと」を自覚させてあげるのです。**そうすることで、聴き手は、それを解消したいという衝動に駆られる**はずです。その結果、「説明を聴くメリット」がより一層実感されるのです。

ここまでをまとめると、Step1のポイントは次の3つになります。

Point 1 **相手が「まだ、できていない」ことを言語化して教えてあげる**

Point 2 **相手の痛いところ（ここでは、研修費用の無駄）をつく**

Point 3 **それを回避するための具体的な解決策の存在を提示する**

聴き手がなんとなくマズイかもなぁと潜在的に感じている問題を、話し手側が言語化し、さらには痛いところをつくことで問題や課題をはっきりと自覚してもらうのです。つまり、ニーズを顕在化させるのです。

さらにそこで、話し手側に解決策があることを提示することで、「説明を聴くメリット」がより一層伝わります。

別の言い方をすると、「現実を目の前に突きつけて、自分ごと化させる」説明から入ると効果的なのです。

そうすることで、聴き手は、

「確かに、この状況はマズイかも……」

「確かに、そのサービスを受けたら、今より良くなりそう」

「この人の説明を聴いてみたい！」

と思ってくれるのです。

Step2：すでに説明を聴いた人の成功事例を紹介し、聴き手の頭の中に絵を描かせる

このStep2の目的は、一言でいうと、**すでに成果を上げた人の成功事例を紹介することで、聴き手の頭の中に具体的なイメージを描かせる**ことです。

「この人の話をしっかり聴いたら、自分（自社）の問題が解決できそう！」

そう思ってもらえるような成功事例を紹介していくのです。たとえば、問題点を炙り出した後に（107ページ参照）、次のようなコメントを追加します。

「これまで弊社では●社ほど研修のサポートをさせていただき、そのすべてに『研修内容の復習の仕組み化』を導入してまいりました。中でも、東証一部上場企業の■■様で研修を実施したケースでは、『研修内容の復習の仕組み化』の結果、研修終了2ヵ月後

の定着率が80％を超えました。その会社様では、弊社の研修を実施する以前の平均定着率は40％でしたので、80％超えというのは過去最高記録です。受講生の皆様の満足度調査でも、90％を超えました」

このように、クライアントの成功事例と、「結果としてどのように変わったか」を（もちろん出せる範囲での）**固有名詞や数値で表現することで、聴き手の頭の中に具体的なイメージを湧かせることができる**のです。そうすることで、「私（自社）でも、できるかも！」と思わせることができます。

Step3：自分がそのメリットを提示するに値する人間だという理由を説明する

このStep3の目的は、一言でいうと、**聴き手に安心感や信頼感を持ってもらう**ことです。

Step2を終えた時点で、聴き手の頭の中には成功イメージはすでに湧いています。

さらに、ここであえてダメ押しをするのです。

「なぜ、話し手がそのメリットを与えることができるのか」「どうして、そんなメリットを構築することができたのか?」——**話し手がそのメリットを提示できる明確な理由や、そのメリットの根拠について、もったいぶらずに相手に説明する**のです。

先ほどのStep1では以下のように問題点を炙り出し、「研修内容の復習の仕組み化」というメリットを提示しました。

「……研修に投下した費用を無駄金にしないためにも、『研修内容の復習の仕組み化』が重要なのです。弊社では、つくり込まれたテキストとフォローアップ用動画の組み合わせで、実施した研修を復習しやすい仕組みを構築しています。そこが他社さんとは異なる弊社の一番の強みなのです」

このように問題意識の顕在化とメリットの提示を行った上で、以下のように続けます。

「実は、私は駿台予備学校講師時代に年間で10冊近くの講座テキストを執筆し、その後、e-learning（オンラインでの動画授業による学習）を組み合わせたブレンド型学習というものを独自に研究して、教育の現場で実践してきました。ブレンド型学習は一方的な知識伝達をe-learningですき間時間にあらかじめ受講してもらうことで、対面授業では実践ワークやフィードバックにより多くの時間を確保することができるのです。

その結果、ブレンド型学習を取り入れた授業は生徒個人の習得率を高めるだけでなく、ディベートなどの実施によって思考力を育てる機会も増やすことができるのです。さらに、講義内容を動画に収め、生徒個人の好きなタイミングで視聴してもらいつつ、不定期に抜き打ちテストを実施していくのです。ここで授業内容の復習の仕組み化を図ります。

ブレンド型学習を取り入れた授業は習熟度が高く、実際に、受講生の9割以上が通常のセミナーや研修のスタイルよりも、ブレンド型学習のほうが良いと答えてくれました。

このように、教育現場での実践から得られた研究成果や知見を、企業研修にも当てはめていくことで『研修内容の復習の仕組み化』が可能となったのです。これが弊社の最大の売りになっています」

このように、聴き手の問題解決ができるソリューション、すなわち聴き手のメリットを自分が提示できる理由を、話し手の経歴や実績などの事実ベースで伝えていきます。

さらに、その**メリットがどうやってつくられたのかがわかるメカニズムをさらけ出すことが、実は安心感や信頼感を高める根拠になる**のです。

最終的に、これが聴き手の納得感と、そのあとの実行へのモチベーションにもつながっていきます。大事なのは「その話し手でなければならない理由」を明確に示すことです。

そうすることで、顕在化した問題をどうにか解決したい聴き手は、

「よし、この人の説明を最後まで聴いてみよう!」

と思ってくれるのです。

Step4:メリットを享受できる具体的なステップを説明する

最後のStep4について、お話ししていきます。このStep4の目的は、一言でいうと、

聴き手の行動を促すことです。「感動する説明」は、相手を動かしてこそ価値が出るのです。

Ｓｔｅｐ３までの説明を聴き手がしっかり理解できていれば、そのネタを取り込みたい気持ちでいっぱいになっているはずです。これで「関係ゾーン」から「自分ゾーン」に点を移動させる準備は整ったということです。

ここで満を持して、具体的にどういう手順を踏んでいけば、自分が使いこなせるレベルまでいけるのかを伝えていきます。

覚えておいていただきたいのは、Ｓｔｅｐ３で止めずに、このＳｔｅｐ４まで必ず行うことが大事だということです。

なぜなら、**聴き手の気持ちが盛り上がったときに、具体的な行動を促すステップまで説明しておかないと、相手の気持ちが冷めて「関係ゾーン」止まりになってしまうから**です。「そのうちに……」と思い始め、そのまま忘れ去られてしまう可能性が高くなります。

聴き手のメリットをもっとも大きくさせるためには、多少の手間暇がかかるとしても、具体的なステップまでしっかり説明すべきなのです。

それでは、具体的なステップとして、どのように説明していくのが効果的なのでしょうか？　次の２つのいずれかが実践しやすいでしょう。

方法1 「時系列」で説明
方法2 「目的・シチュエーション別」で説明

方法1：「時系列」で説明する

人の動作や思考は「時間軸」に支配されています。そのため、時系列に沿って説明していくと、聴き手のその後の動きはスムーズになります。

聴き手に階段をのぼってもらうようなイメージです（下図）。聴き手が具体的なステップを一段ずつしっかりのぼっていくのを、話し手はサポートするのです。

具体的なステップの例を挙げると、私の予備校での講義で生徒たちから一番ウケがいいのが、「オリジナル解法マニュアル」というものです。

これは、特に難易度が高い問題や、受験生が苦手とするパターンの問題を、最速で完璧に解けるようになるための「思考パターン」と「一連の動作」をマニュアル化したものです。

少しマニアックな話になりますが、大学受験生が苦手とする化学のテーマに「蒸気圧」「浸透圧」「反応速度」「電離平衡」「溶解度積」があります。これらのテーマが出題されたときに対応できる解法手順をまとめたマニュアルを、受験生時代の私自身は見たことがありませんでした。

そのため、解いていく手順を小さなステップに切り分けて、時系列に沿って説明したマニュアルを作成したのです。このマニュアルは、生徒にとってはありがたかったのでしょう。結果的に、これが予備校講師としての私の売りの1つになっていったのです。

聴き手が自分1人で再現できるような、時系列に沿って切り分けた具体的なステップをしっかり説明することは、聴き手の学習を促進します。

時系列で具体的なステップを説明すると、聴き手はそのネタを「自分ゾーン」に移動させやすくなるのです。

話し手側は「自分がすでに身につけていて、自然にできてしまうことは、言語化するのが難しい」と思うときもあるでしょう。そんなときは、自分が普段行っていることを時間で区切り、具体的なステップに分解してみることです。マニュアルのようにかっちりしたものに落とし込むことができなかったとしても、言語化して時系列に並べて説明してあげるだけでも、聴き手は予想以上に感動してくれるものです。聴き手のためにもチャレンジしてみてください。

方法2：「目的・シチュエーション別」に説明する

これは、聴き手の現在の状況や目指すゴールに合わせて説明内容を調節する方法です。

なぜこれが効果的なのかというと、**具体的なステップは聴き手にとって必要なものだけに絞り込んで説明したほうが、行動に移しやすくなる**からです。

たとえば、国公立大医学部を志望している人たちに向けた講演会では、このように説明するようにしています。

「医学部といっても、国公立大学と私立大学とでは、戦略がまったく異なります。国公立大学に何が何でも受かりたいなら、難しい問題集にのめり込むような勉強は絶対にNGです。まず最初にすべきなのは、センター試験の問題に毎日のように触れ、夢に出てくるくらい身体に染み込ませること。これがもっとも国公立大医学部の合格率を上げる戦略なのです。二次試験対策は、センター試験の過去問で8割を超えた後に本格的に始めればいいのです」

ここでは「国公立大医学部に受かりたい」という目的に対して、「センター試験対策を受験勉強の主軸にする」という具体的なステップにつなげています（本来は、この後に各教科の具体的な対策も説明します）。

もちろん、「現役で私立大医学部に受かりたい」という目的に対しては、別の戦略（ステップ）を説明することになります。

大切なのは、**聴き手の目的に合わせて、話し手側のほうで、その方向性を絞ってあげる**

こと。そうすることで、聴き手はとるべき行動を絞り込むことができ、実行に移しやすくなるのです。結果として、成果も上がりやすくなります。

いかがだったでしょうか？

この「メリット訴求」の型は、当たり前であるがゆえに、ついつい手薄になりがちです。人によっては、わざとらしくなりそうで躊躇《ちゅうちょ》してしまうこともあるかもしれません。

それでも、聴き手の心を動かすためには、あなたの説明を聴くメリットをしっかり伝えることが大切です。

それでは、次は型の2「対比」にいきます！

即効フレーム

Step1　相手の問題点を炙り出し、メリットの存在に気づかせる

Step2　すでに説明を聴いた人の成功事例を紹介し、聴き手の頭の中に絵を描かせる

Step3　自分がそのメリットを提示するに値する人間だという理由を説明する

Step4　メリットを享受できる具体的なステップを説明する

型の2 「対比」

「先生！　手がうまく描けないんですけど、どうしたらいいですか？」

「手そのものをうまく描こうとしちゃダメだよ。手の外側の景色の部分を丁寧に描いてみるんだ。そしたら、内側の手がはっきりしてくるよ」


私が中学生の頃、美術の授業で自分の手をデッサンしていたときに、先生に質問した際のやりとりです。

この先生のアドバイスは、今でも頭の中にはっきりと残っています。

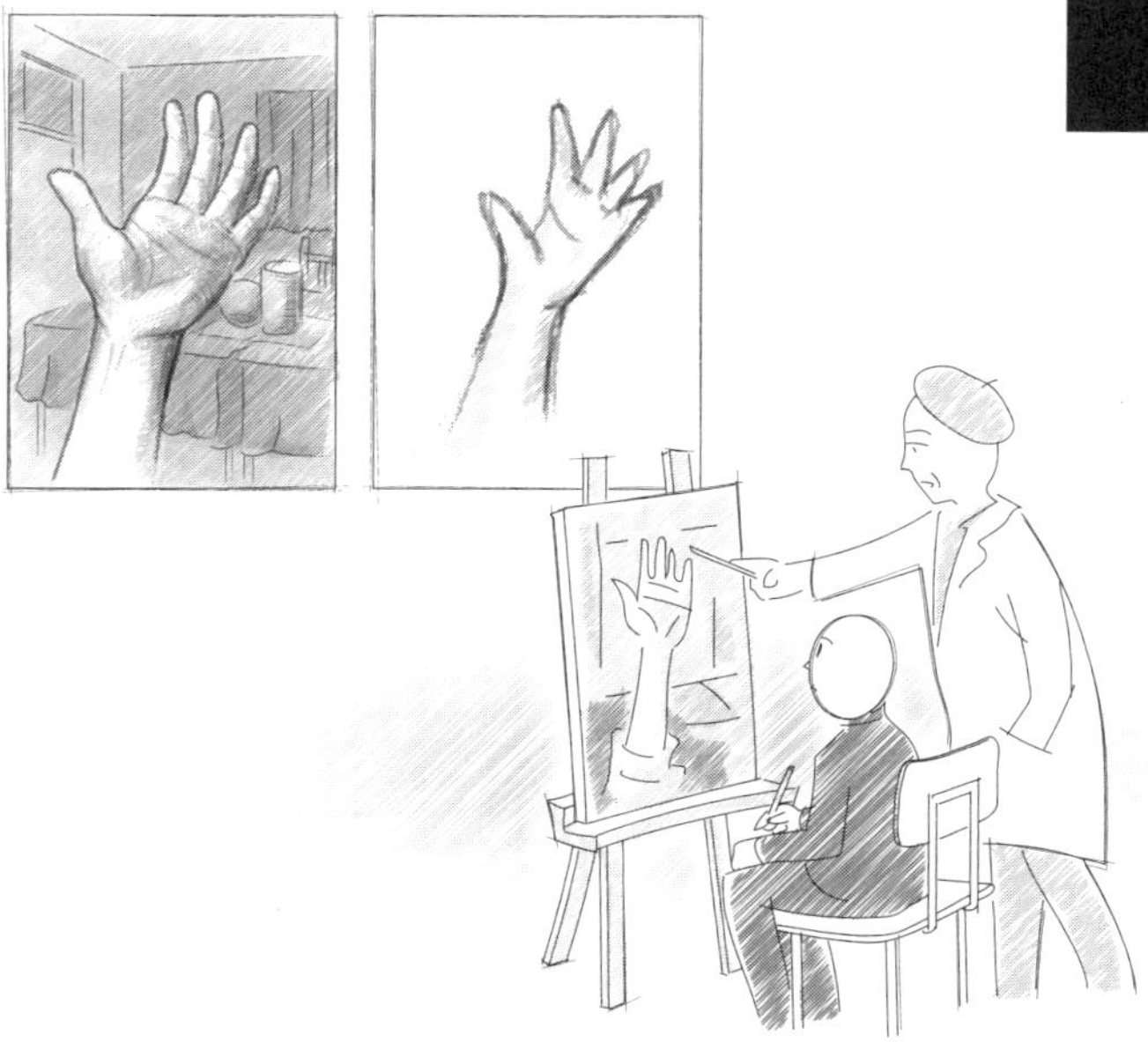

今回お話ししていくのは、「対比」の型です。対比とは、互いの違いを明らかにするために比べることです。

そもそも人は、対立構造のような「対比」が好きですよね。

たとえば、スポーツだったら「セ・リーグvs.パ・リーグ」、政治であれば「与党vs.野党」のような感じです。

実は、こういった対立構造を説明に入れ込むと、聴き手にとってはおもしろかったりするのです。説明の中で何かと何かを比べながら、聴き手をワクワクさせることを目的とするのが、この「対比」の型です。

なぜ、この型を使って説明すると聴き手を感動させることができるのでしょうか？

なぜ、人は「対比」で感動するのか？

人がある物事を理解する際、その周囲をはっきりさせることが効果的な場合があります。

前ページの「手のデッサン」のエピソードがまさにそうですね。自分の手と背景を対比させることで、主役である自分の手そのものを際立たせることができるのです。

これは説明でも同じです。Aというものを明確に伝えるためには、A以外のその周りも説明に加えるのです。そうすることで、Aがはっきりとイメージでき、「なるほど！」と聴き手に思わせることができるのです（下図）。

この**「対比」の型を用いることで、これまで聴き手がまったく意識していなかったことでも、「自分にも関係するんだ！」と思ってもらうことができます。**

たとえば、近年流行っている糖質オフダイエットというものをまったく知らずに朝バナナダイエットをしている人に、「朝バナナダイエッ

［対比なし］

［対比あり］

トに比べてスピーディかつ健康的に痩せられるダイエット方法があるんです。それが糖質オフダイエットなのです」と伝えます。

つまり、「知らないゾーン」にある糖質オフダイエットを、すでに聴き手の「関係ゾーン」にある朝バナナダイエットと対比させることで、一気に「関係ゾーン」に移動させることができるのです。

人は比べることで初めて深く理解できる生き物なのです。つまり、この「対比」の型は、「知らないゾーン」から、「認知の壁」と「私事の壁」の2つの壁を突破して「関係ゾーン」へと点を移動させることを目的としています（下図）。

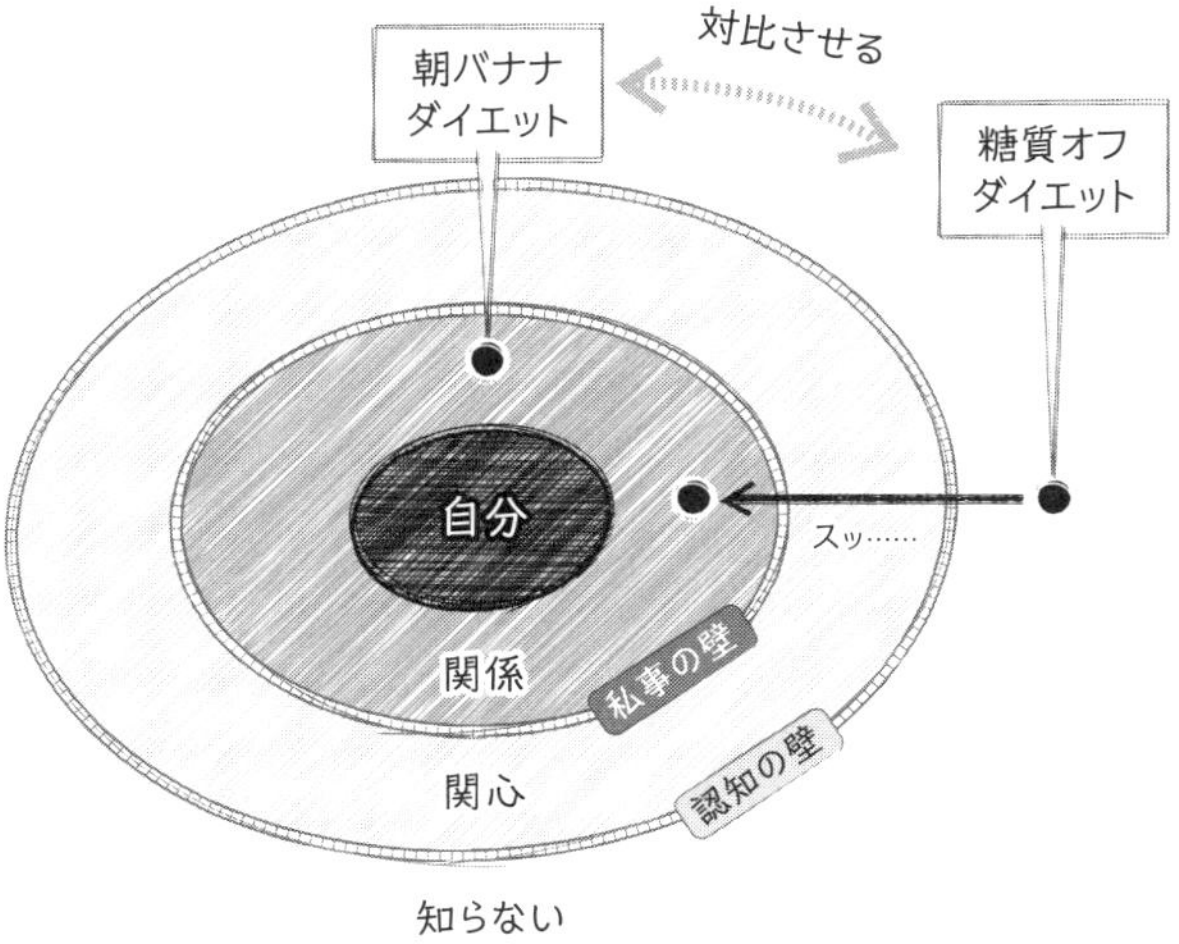

「対比」を使いこなす3つのパターン

それでは、どうすれば対比をうまく生かした説明ができるのでしょうか？

「対比」の使い方は3つあります。

対比1　1つの中で対比させる

対比2　2つを対比させる

対比3　3つ以上を対比させる

対比の対象が1つ、2つ、3つ以上と、増えていくということで覚えやすいですね。

3つのパターンをうまく使い分けながら、説明に対比を盛り込んでいくことで、聴き手を「感動させる説明」ができるようになります。

それではさっそく、1つ目からみていくことにしましょう。

1つでも比べられる

対比1は、「1つの中で対比させる」という方法です。「1つだけじゃ、比べられないじゃん！」と思う方もいるでしょう。確かに、比べるというのは2つ以上のもので行うというイメージがありますよね。

ただ、実は1つの物事の中でも対比を示すことはできてしまうのです。

たとえば、「東大で出題された難問なのに、一瞬で解くことができてしまう」というように、東大の問題という1つのものの中でも、解くのに時間がかかるイメージがある「難問」と「一瞬で解くことができる」ということを対比させることができるのです。

このように1つの物事の中で対比を入れるとき、**聴き手の心を動かす（感動させる）コツは、何といってもギャップを示すこと**です。具体的なフレーズとして、以下のようなものがあります。

即効フレーズ▼「●●でも、××」

このフレーズを覚えておけば、ギャップを盛り込んだ対比の説明がかんたんにつくれます。ここに数値を入れることができれば、聴き手はよりイメージしやすくなるでしょう。

私の教え子で長谷川光くんという生徒がいました。彼は、もともと偏差値が24しかない生徒でした。そんな彼も今は医学部の6年生。浪人はしたものの、偏差値24から見事、医学部に合格したのです。

光くんの合格体験談を授業や保護者会で紹介しました。偏差値24〝でも〟医学部に受かるというギャップはとてもインパクトがあったようで、思いのほか、大きな反響を呼びました。それが口コミで広まり、私のもとへは「偏差値24からでも、医学部に受かる方法」というテーマでの講演依頼が殺到しました。講演会には、医学部に入りたい多くの受験生やその親御さんが来てくださるようになりました。

そういった講演会では、それこそ「目から鱗《うろこ》でした！」「自分には医学部なんて無理だと思っていたけど、合格できる方法があると気づくことができました！」――このような感動の声をいただくことができました。「偏差値24」と「医学部合格」というギャップが人の心を動かしたのです。

私は、正しい戦略さえ立てれば誰でも医学部に合格できると信じています。しかし、「医学部に受かる戦略がある」と言うだけでは誰も振り向かなかったでしょう。「現在の成績が芳《かんば》しくない子でも医学部に受かる」と言っても、具体的な数値を入れなければイメージが湧かなかったと思います。

これはほんの一例にすぎませんが、**対比を示しながら、そこに数値を入れると、ギャップのわかりやすい説明になる**のです。

なお、余談ですが、光くんの合格体験談はあまりに反響が大きく、ついに『偏差値24でも、中高年でも、お金がなくても、今から医者になれる法』（KADOKAWA）という書籍を出版するまでに至りましたので、ご興味のある方はぜひご一読ください。

ギャップの中にはさみこめ！

1つの物事の中で対比させようとするときに、難易度が上がる場合があります。それは、その物事（話のネタ）が聴き手の「知らないゾーン」にある場合です。このときに、聴き手の「関係ゾーン」に点を移動させるにはコツがあります。

　そのコツというのは、**示したギャップの間に聴き手をはさむ**ことです。どういうことなのかを説明していきます。

　たとえば偏差値30の受験生・マナブ君がいたとします。マナブ君は「自分の成績でも医学部に入れる方法」があるなんて夢にも思いません。マナブ君にとってその「方法」は「知らないゾーン」にあるということですね。

　そこで、先ほどお話しした例が、「偏差値24でも医学部に合格できる」ではなく、

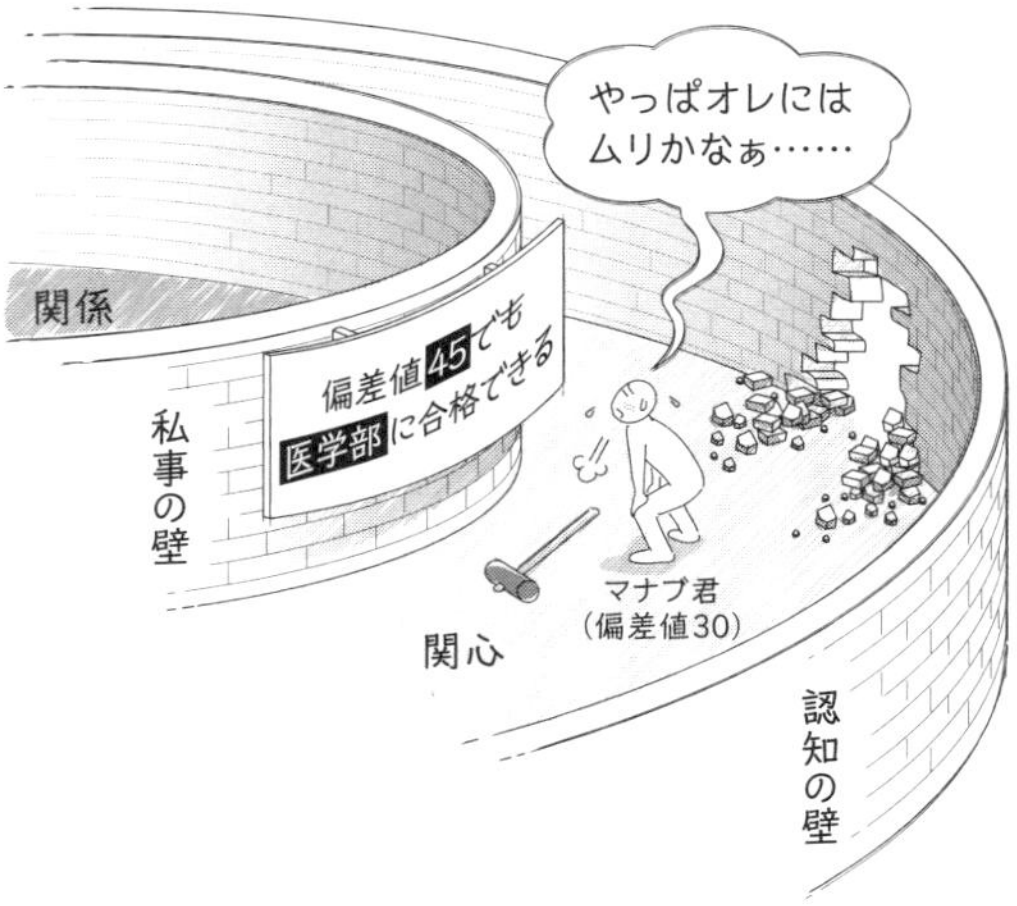

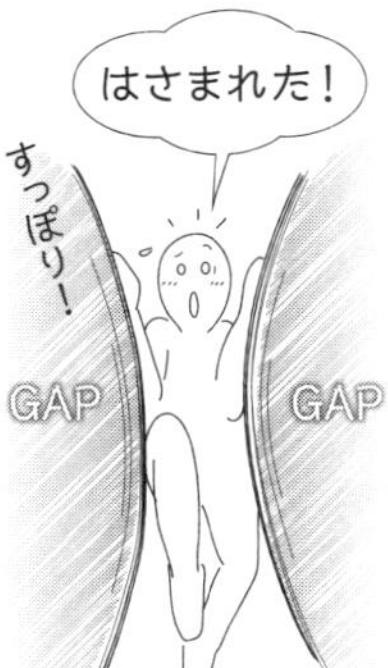

「偏差値45でも医学部に合格できる」という話だったとしましょう。

この話を偏差値30のマナブ君が聴いたら、どう思うでしょうか？　おそらく「オレには無理なのかなぁ」と思って、「医学部に合格する」話から偏差値30の自分を遠ざけてしまう可能性が生じます（下図）。

つまり、「関心ゾーン」から「関係ゾーン」に点（話のネタ）を移動させようとしても、「私事の壁」を突破できない状態になってしまうのです（前ページの右図）。

こうなると、聴き手は「なんだ、ボクには関係ないじゃん……」と思ってしまうのです。だからこそ、ギャップを示した中に、

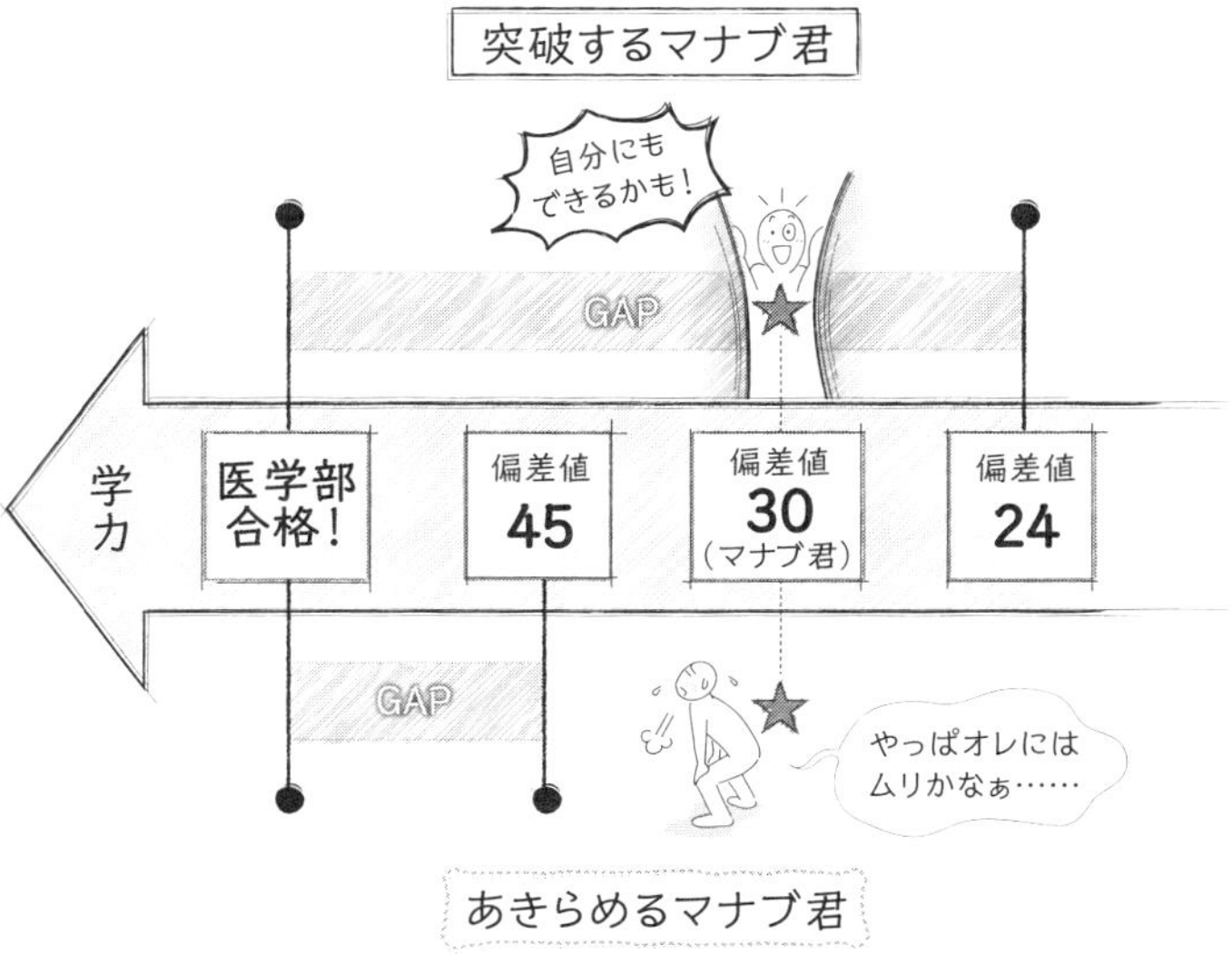

聴き手の状況がすっぽりはさまるような説明にすべきなのです（130ページの左図）。
マナブ君を含む多くの聴き手をはさみ込めるような「偏差値24」といった数値と、「医学部合格」というギャップを示すことで、関係する人の数を増やす工夫をするのです。

こうすることで、聴き手は「これ、ボクにも関係することだ！」——そう思って、説明に耳を傾けてくれるのです。

対比の王道パターン

それでは続いて、対比のパターンの2つ目です。2つを対比させて、大きいか小さいか、高いか低いかなどを比べるオーソドックスな説明です。

対比1　1つの中で対比させる

対比2　2つを対比させる

対比3　3つ以上を対比させる

これは、3つの対比の説明の中で一番使いやすい王道のパターンだと思います。

ここでも対比1と同様に、数値を使ってその差異を表すとより効果的です。**数値がイメージしやすいものだったり、ギャップがあったりすると、聴き手にインパクトを残しやすくなります。**

たとえば、受験化学では「電池」というものを扱います。電池にはいろいろな種類がありますが、電気自動車やスペースシャトルなどに用いられている「燃料電池」というものがあります。

この燃料電池を説明されるときに、「燃料電池のパワーって、実は弱いんだよ」と言われてもピンとこないと思います。これを「燃料電池のパワーって、携帯電話のバッテリーよりも弱いんだよ」と説明されると、少しは「へぇ〜」と思ってもらえるでしょう。

さらに、数値を入れて、

「燃料電池のパワーって約1・2Vで、携帯電話のバッテリーで使われているリチウムイオン電池の

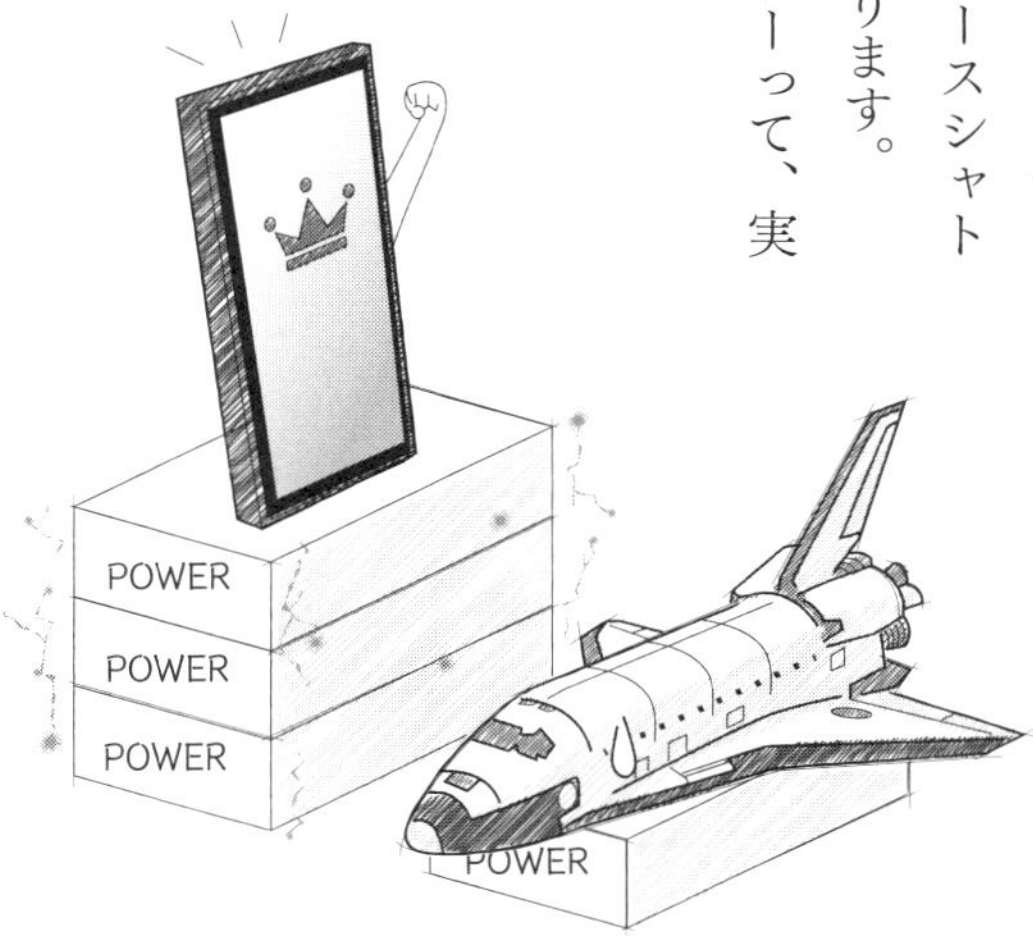

3分の1程度しかないんだ」

リチウムイオン電池と対比させ、さらに数値を盛り込んでいくことで、燃料電池の弱さを際立たせることができ、聴き手は「なるほど！」と思ってくれるのです。

このように、数値を使うことで聴き手にインパクトを残すことができますが、説明に数値を入れられないような場合ももちろんあります。たとえば、

「私の妻のほうが、私よりも度胸《どきょう》がある」

度胸というのは数値では表せないため、これ以上、対比を入れた説明は難しいと思います。

ただ、「妻に度胸がある」ことをもっと明確に説明するとしたら、具体的なエピソードでも入れて、聴き手に納得してもらうことも可能です。

みんな「平均」と比べたがる

対比の最後のパターンは、3つ以上のものを対比させていく方法です。

対比1　1つの中で対比させる
対比2　2つを対比させる
対比3　3つ以上を対比させる

3つ以上を対比させるときの説明は、平均値を用いるととてもうまくいきます。

人は、自分が大勢の中でどのあたりの位置にいるのかを気にします。つまり、**聴き手を含め大勢の人（3人以上）の中で比べあいをする説明が効果的**なのです。だからこそ、ここでは「平均」を使います。

聴き手の立ち位置が平均値より高いか低いかを説明すると、それだけで少なくとも「知らないゾーン」から「関心ゾーン」に点を移動させることができます。

たとえば、お給料です。自分がもらっているお給料が、多いか少ないかを判断する際に、日本全体の平均や業界平均を見ますよね。平均値を見て安心したり、焦ったりしてしまうと思います。

国税庁が発表している平均給与は、２０１７年の統計データで、およそ「４３２万円」でした。きっと、無意識のうちにこの数値と自分の給与とを比較してしまいますよね。

さらに日本全体よりも、自分の所属しているより小さな集団の中での自分の位置のほうが知りたくなってしまうものです。たとえば、

「この会社でのあなたの出世スピードは、平均以下です」

こう言われたら、ドキッとしますよね。ここまでド直球で言われないとしても、**「平均値」を使って聴き手とその他大勢を対比させる説明は、聴き手にとって他人事ではなくなってしまう**のです。

周囲と比べるような時代ではないかもしれませんが、それでも個よりも集団を重視する日本人の国民性もあり、平均値との対比は気になってしまうものです。

即効フレーズ **「これは●●（数値）なのですが、平均は××（数値）となります」**

「対比」の最終兵器

破壊力抜群の、「対比」の型の究極形ともいうべき武器を、最後にご紹介しておきましょう。その武器というのが、次の2つです。

武器1 選抜
武器2 仮想敵

まずは、武器の1つ目「選抜」から説明していきますね。これは、「数多《あまた》の中から比較して選び抜いた」ことを伝える説明です。

私が予備校で担当していた医学部受験生向けの人気講座では、まさにこの武器1を活用していました。

その講座では自作テキストを配布していたのですが、「このテキストには最新年度のすべての医学部の入試問題の中から選び抜いた良問だけが入っているから」と受講生に話しながら講義を行ったところ、ワクワクした表情で前のめりになって話を聴いてくれたのです。さらに講義の中でも、「25年分の入試問題に共通して出題されている内容から抜き出してきたことなんだけど……」といったフレーズを説明に入れ込むと、生徒たちのボルテージは一気に高まります。

また、私はほとんどメルマガというものを読まないのですが、毎日欠かさず読んでいるメルマガがあります。それが、エリエス・ブック・コンサルティング代表取締役の土井英司氏が発刊している「ビジネスブックマラソン（通称：BBM）」というメルマガです。

なぜ読んでいるかというと、土井氏はすでに2万冊以上のビジネス書を読み、その中から厳選したビジネス書を紹介してくれているからです。つまり、「選抜」が前提にあるのです。このメルマガは、2019年6月時点で5000号をゆうに突破しています。

ある日のメルマガで『即戦力の人心術』（マイケル・アブラショフ著、三笠書房）が取り上げられたときのこと。その紹介文では「1000冊に一冊の名著」という説明がされていました。「選抜」の中からさらに選び抜かれた名著だということが、たった一言で理解できてしまいますね。

ここで私がお伝えしたいのは、**膨大な数の中から選んで紹介しているという事実は、聴**

き手にありがたみを感じさせることができるということです。**より高い精度で相対比較ができている可能性が圧倒的に高いという信頼を勝ち取り、聴き手から「選ばれたものだったら、ぜひ知りたい！」と思ってもらえる**のです。

今のような情報過多の時代では、「情報の渦の中から厳選して選んでくれた！」と思われるフレーズを仕込んでおくだけでも、聴き手はあなたの話に大きな価値を感じてくれるのです。

即効フレーズ

「●●の中から選び抜いた××です」

都合のいい敵をつくれ！

続いて、武器の2つ目「仮想敵」についてお話ししていきます。この武器を使う目的は、聴き手の目をある1つの方向に向けることです（下図）。

別の言い方をすると、**仮想敵をつくることによって、自分と聴き手の間に共通の価値観を見出す**ということです。**仮想敵を設定することで、聴き手の照準を定めることができるのです。**ここでは、第2章でお話しした大原則の視点3「聴き手の価値観」も生きてきます。

それでは、どんな仮想敵をつくればいいのでしょうか?

それは一言でいうと、「自分(話し手)にとって都合のいい敵」です。

そんな敵が実在するかどうかは別として、自分の主張に真っ向から対立する、そんな理想的な敵を描くことです。そこでこしらえた敵を、自分の主張や説明の中に随所に登場させるのです。そうすることで、聴き手との同調性が高まり、同じ方向を向いてくれるようになります。

それでは、仮想敵は具体的にどう設定していけばいいのでしょうか。

「正義vs.悪」が鉄板

ここからは、仮想敵の具体的な設定方法を説明していきますね。敵の種類は、主に2種類です。

武器2 **仮想敵**

敵A 悪
敵B 不便

まず、敵Aの「悪」から説明していきますね。これは、TVアニメのヒーローものでも「あるある」な設定ですよね。

「正義」と「悪」が対比の関係にあります。つまり、**自分の主張や説明が「正義」であることを声高らかに語るよりも、「悪」を明確に設定して、それに異論を唱えるほうが聴き手には響く**のです。

ここで**設定する仮想敵は、強大であればあるほど聴き手はワクワクします。**「世界一になる秘訣」のような敵が見えない説明よりも、「アマゾンを倒す秘訣」のほうが聴き手は燃えるのです（アマゾンが悪というわけではありませんが）。

だからこそ、**まずは仮想敵の強大さをアピールする**のです。「こんな強大な敵がいるんです！」「巨悪に立ち向かいます！」といったように。

まずこれを聴き手にわかってもらうところから始めるのです。桃太郎のような昔話でも、鬼の悪徳ぶりをアピールしたあとに退治ですからね。

即効フレーズ▶「●●（仮想敵）には絶対に負けません！」

巨悪の設定は「概念」にする

ただ、私のような中小零細企業の経営者の場合、実在する強大な敵に真っ向から挑むと、木っ端微塵《みじん》に潰される可能性も無きにしも非《あら》ずです（アマゾンさんには大変お世話になっていますし)。

仮想敵はあくまで実在する人や企業は避け、「概念」レベルにしておくと無難《ぶなん》でしょう。それでも、じゅうぶんにその「悪役」は役割を果たしてくれます。たとえば「貧困」などです。それに、実在する人や企業に名誉毀損《きそん》で訴えられたりしたら面倒ですしね。

余談ではありますが、私は、唯一、恨まれることを覚悟の上で実在する相手を仮想敵に設定していることがあります。その仮想敵とは、ぼったくりの医学部専門予備校というものです。

私が共同経営している「ワークショップ」という塾は、「教育格差をなくす」ことが経営理念です。そのため、講義のクオリティや実績は業界トップレベルを維持しながらも、受講料は平均以下に設定しています。

先に挙げた医学部専門予備校とは、文字通り医学部受験を専門にしている塾や予備校です。こういった予備校の中には、年間の受講料を500万円~1000万円もご家庭からふんだくっているところが少なくありません。

しかも、そういったぼったくり予備校の中には、予備校の合格実績を下げたくないという理由で、入塾希望者の高校の偏差値や過去の模試の偏差値で入塾の可否を決めるというやり方をしているところもあるのです。

こういった教育という皮を被った許し難いビジネスをしている塾や予備校を一掃して、健全な教育ビジネスの繁栄を目指したいという想いをもって塾を経営しています。

だからこそ、敵に恨まれることを覚悟で、そういった悪質な塾や予備校を仮想敵に設定しているのです。

「不便」を敵にする

続いて敵Bです。このパターンでは、「不便」を仮想的に設定するのです。

武器2 仮想敵
敵A 悪
敵B 不便

昔、テレビCMで「おしりだって、洗ってほしい」というコピーを聴いたことがあります。ウォシュレットが発売され始めた頃だったと記憶しています。

多くの人が、なんとなく不便だとか不都合だと感じていることを突いた素晴らしいコピーだと思います。

このアイデアは、説明にもじゅうぶん転用できます。**聴き手がなんとなく我慢していることや不具合があるところを見つけ、そこに自分の説明や主張をかぶせる**のです。

たとえば、化学では「溶液」という単元があります。この単元では溶液のさまざまな現象を説明していかなければならないのですが、実は、その原理は「平衡」という別単元でその大部分を説明できてしまうのです。

ただ、高等学校の教科書は、「溶液→平衡」という順番になっているので、「溶液」の原理を「平衡」で説明することは、一般的ではありません。

生徒の中には「溶液」を苦手とする子が多く、入試の直前期にはこの「溶液」の単元がわからないという理由で泣きが入ってし

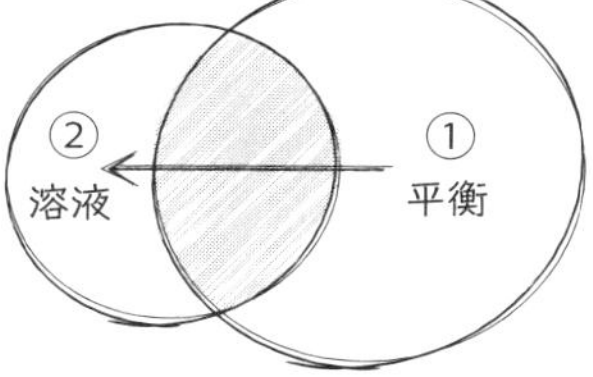

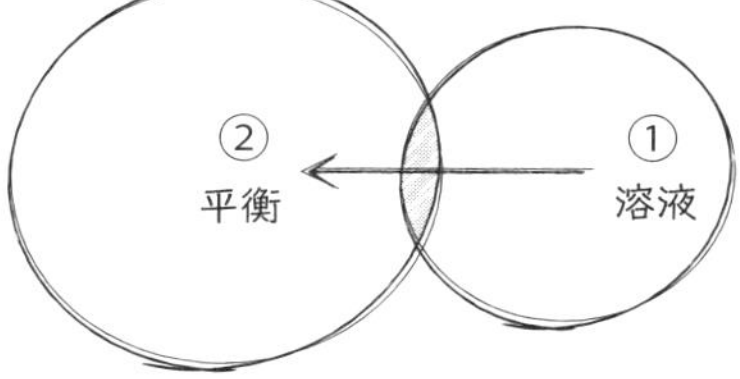

まう子すらいるほどです。

そういった生徒が実際にいたということで、私は駿台予備学校を退職する最後の年に、映像によるオリジナル講座を立ち上げました。その講座では、教科書にある従来通りの「溶液→平衡」の順ではなく、「平衡→溶液」の順としたカリキュラムにしたのです。フツーと逆にしたのです。

このカリキュラムは当たりました。「おもしろい！」と評判になり、この講座が一気に広まったのです。これまで「溶液」にまったくおもしろみを感じられなかった生徒からも、「すべてがつながりました！」「これまでの混乱がウソのようです！」といった反響をもらうことができたのです。受験生にとって苦手意識が強い「溶液」の単元を、順序を入れかえて前に移動させた「平衡」の内容を関係させながら説明することで、省エネかつ本質的な理解ができるようになるのです。ここに生徒は「溶液の単元の不便を解消してくれた!!」——そう思って説明に感動してくれたのです。

これを日常生活での説明に応用すると、こんなふうに使えます。

「冬場、家に帰っても暖まるのに時間がかかるせいで、寒い思いをしていませんか？

実は、エアコンをインターネットにつないで、帰宅する前にスマホで暖房のスイッチを入れて部屋を暖めておくことができるんです。これがＩｏＴの技術なんです」

このように、モノのインターネットと呼ばれているＩｏＴ（Internet of Things）の説明をするときには、**冒頭に「不便」を入れ込み、聴き手本人に関係することをアピールする**のです。そうすることで聴き手は、「この人（話し手）は、私の不便をわかった上で解決してくれそう！」と思い、あなたの説明の虜《とりこ》になっていくのです。

それでは、続いては、型の3「因果」にいきましょう！

即効フレーズ

フレーズ1　「●●でも、××」
フレーズ2　「●●なのに、××」
フレーズ3　「これは●●（数値）なのですが、平均は××（数値）となります」
フレーズ4　「●●の中から選び抜いた××です」
フレーズ5　「●●（仮想敵）には絶対に負けません！」

型の3 「因果」

「謎はすべて解けた!!」

このフレーズを聴くと、ゾクゾクしてしまうのは私だけでしょうか。

小学生の頃から大好きなコミック『金田一少年の事件簿』の主人公・金田一一《きんだいちはじめ》の決め台詞です。推理マンガの代表作ですね。

私は昔から推理ものが大好きで、江戸川乱歩の『少年探偵団』などの推理小説も小学生の頃から毎日のように読みふけっていました。こういった推理ものの醍醐味《だいごみ》は、なんといっても事件の「種明かし」の瞬間です。謎解きの解説を聴く瞬間のワクワク感は、筆舌に尽くしがたいですよね。

今回お話しする「因果」の型というのは、「原因と結果」の関係性を明かす説明です。

この型は、「感動する説明」の起爆剤といっても過言ではありません。

なぜならこの型は、聴き手の知的興奮を引き起こす最大の引き金となるものだからです。

これまでただの点と点だったものが、「原因と結果」という一本の線につながっていくその瞬間を目の前にしたときに、人は知的好奇心に火が付きワクワクしてしまうのです。


推理ものを例にお話しすると、殺人事件という「結果」が、真犯人とその動機、使われたトリックなどの「原因」と一直線につながっていくのです。この瞬間に、聴き手はワクワクします。

なぜなら、**人はつながりを欲する生き物**だからです。それは人と人との関係性だけでなく、脳の中も同じです。脳の中ではシナプスどうしが結合して、ドーパミンなどの快楽物質を放出しています。そう、人はつながるだけで快感を得られるのです。

点と点がつながると、その瞬間に「わかった！」「なるほど！」「そういうことだったのか！」といったように、聴き手の中でワクワク感が爆竹のようにはじけるのです。

なぜ、「結果」から話すべきなのか？

「因果」の型を使うコツは、結果から話すことです。そのあとに原因を1つずつ紡《つむ》いでいきます。もちろん、「原因」を積み上げて最後に「結果」といった逆の順番でも因果関係は説明できます。しかし、**話をおもしろくしたいならば、先出しの「結果」に、後から話す「原因」が次々につながっていくという順番を覚えておいてください。**

推理小説であれば、「犯人は、○○さん、あなたです！」から謎解きの本番が始まります。

もちろん、エンタメであれば焦《じ》らしつつも、トリックの一部を公開したあとに、「そのトリックを実行できたのは、この人しかいない」という結果をズバッと告げてしまう。その後で犯人の動機や、その人が犯人であることの動かぬ証拠など、結果の原因となる内容

［原因から説明する場合］

を徹底的に説明していきます。

「なるほど、犯人はアイツか！　それで、動機はなんだ？」

焦らされはするものの、こう思いながら、聴き手はその謎解きの説明を前のめりに聴いてくれるはずです。そのとき、**聴き手の頭の中では「原因」と「結果」が一本線でつながれ、快感になっていく**のです（その説明を聴いている犯人自身はそれどころではないでしょうが）。

［結果から説明する場合］

逆に、犯人の名前を謎解きの最後にしか言わない説明の仕方だと、どうなるでしょうか。結果を告げずに細かい証拠を提示したり、考えられる動機などの「原因」から積み重ねていく説明をしてしまうと、「結果はいつわかるの？」「結局、何の話をしているんだっけ？」「どこまで聴いていればいいの？」

と、聴き手をイラ立たせてしまうのです。

「とりあえず、犯人、早く教えてよ！」――心の中でそう思いながら、事件が起こった背景やトリックなどを聴かされ続ける羽目になります。点と点がどうつながるか見えない、**話がどこに着地するかわからない中で説明を聴かされることはとてもストレスフル**なのです。**自然と湧き起こる「結果はなんなの!?」という思考が、説明を聴いていくときのノイズになってしまう**のです。

即効フレーズ

「結果は、●●でした。その原因は、……」

「因果」の活用3つのパターン

それでは、この「因果」の型の効果的な使い方を3つお伝えします。この3つのいずれか1つでも使えるようになると、聴き手を感動させる説明はかんたんにできます。

因果の使い方1 遠い因果関係をつなげる
因果の使い方2 第3の原因(真因)をみつける
因果の使い方3 因果関係を逆転させる

それでは、1つずつ解説していきます。

まず、使い方1「遠い因果関係をつなげる」は、「結果」と「原因」の距離が遠い場合で、一見関係がないものを結びつけるようなイメージです。

遠い距離にあるつながりというのは、いわゆる「風が吹けば桶屋が儲かる」が当てはまります。「風が吹く」ことと、「桶屋が儲かる」こととの間には、一見関係性がないように思えますよね。聴き手にとっては、つながりが見えにくい関係のはずです。これを説明すると、次のようになります。

「風が吹いて土ぼこりが立つと、その土ぼこりが目に入って盲目の人が増える。その盲人は三味線を買うが(当時の盲人が就ける職)、三味線には猫の皮が必要となる。その皮を得るために大量の猫を殺すことになる。猫が減れば、猫に食べられるネズミも減る。

結果として、ネズミが増えて桶が囓《かじ》られてしまうので、桶屋が儲かる」

ここまで説明されればわかりますが、もしもいきなり「桶屋が儲かるんです。その原因は、風が吹くからです」と言われても、さっぱり意味がわかりませんよね。頭の中は「?」だらけになるでしょう。実はこの「?」をつくることで、聴き手の「関心ゾーン」にスッと入り込むことができるのです。

距離が遠い「結果」と「原因」の、その間の情報がすっぽり抜けてしまっていると、「その間を埋める情報が知りたい」という知的好奇心がかき立てられます。聴き手は無意識のうちに、「なんとかしてこの2つの間を埋めたい!」という欲求に駆られてしまうのです。

そこに、満を持してその間を埋めていく情報や知識を説明して、聴き手を引き付けるのです。これは、後述する型の8「欠如アピール」にもつながる手法です。

ここで、遠い因果関係をつなげる例を1つ挙げましょう。

ある日の予備校の講義の冒頭で、私は、

「中世ヨーロッパで起こったルネサンス（芸術復興）って、錬金術が原因の1つになってるって知ってた？」

と切り出しました。すると生徒の頭の中は、「錬金術っていう怪しげなものと、ルネサンスがつながるの？　なぜ？」といったように「？」でいっぱいになります。そして、その間のつながりを是が非でも知りたくなるのです。そうした状態にした上で、

「実はね、イスラム圏からヨーロッパに持ち込まれた錬金術から化学が発展していったんだけど、その過程で絵の具やら、像をつくるための質の高い金属や大理石が得られ、さらにガラス加工技術なども広がっていったんだよね」

と説明していきます。ルネサンスと錬金術の関係については、残っている文献も少なく、諸説あるのですが、少なくともルネサンスを物質的にサポートしたのは化学の発展があったからだと考えています。

「ルネサンス」と「錬金術」といった、一見関係性がなさそうなものを、因果関係でつな

げて説明することで、聴き手をワクワクさせ、おもしろいと感じてもらえるのです。

それでは、具体的にどうすれば「遠い因果関係」をうまく表現できるのでしょうか？

「なぜ？」or「だから何？」を繰り返す

「遠い因果関係」にあるネタをみつけたときに、それをおもしろい説明にするコツは、**結果について「なぜ？」（Why ?）を3〜5回繰り返す**ことです。また、**原因については「だから何？」（So what ?）を3〜5回繰り返してみる**のです。

そうすることで、原因と結果をつなぐ複数の情報が浮かび上がってきます。

たとえば、「皮膚ガンの患者さんが増加しています」（結果）といったことを説明しなければならなかったとしましょう。このとき、「皮膚ガン患者さんの増加」（結果）に対して「なぜ？」（Why ?）を繰り返してみるのです。

原因と結果の間にどれだけの情報量を入れるかは、聴き手のプロファイリングの結果次第で決めていきます。聴き手のネタに対する知識や理解度が浅い場合には、ステップを小さく刻んだ情報でないと理解しにくいでしょう。説明のゴールを何に設定するのかも、聴き手次第です。

たとえば、私が医学部受験生に対しての化学の講義で「皮膚ガンの患者の増加」について説明するとしましょう。その場合私は「オゾン層の破壊」という「原因」（ゴール）にたどり着くように説明をもっていきます（下図）。

なぜこんな説明をするのかというと、「オゾン層の破壊」や「紫外線は細胞のＤＮＡを損傷する」という知識が入試で必須だからです。つまり、**聴き手に達成させたいことは何かという**

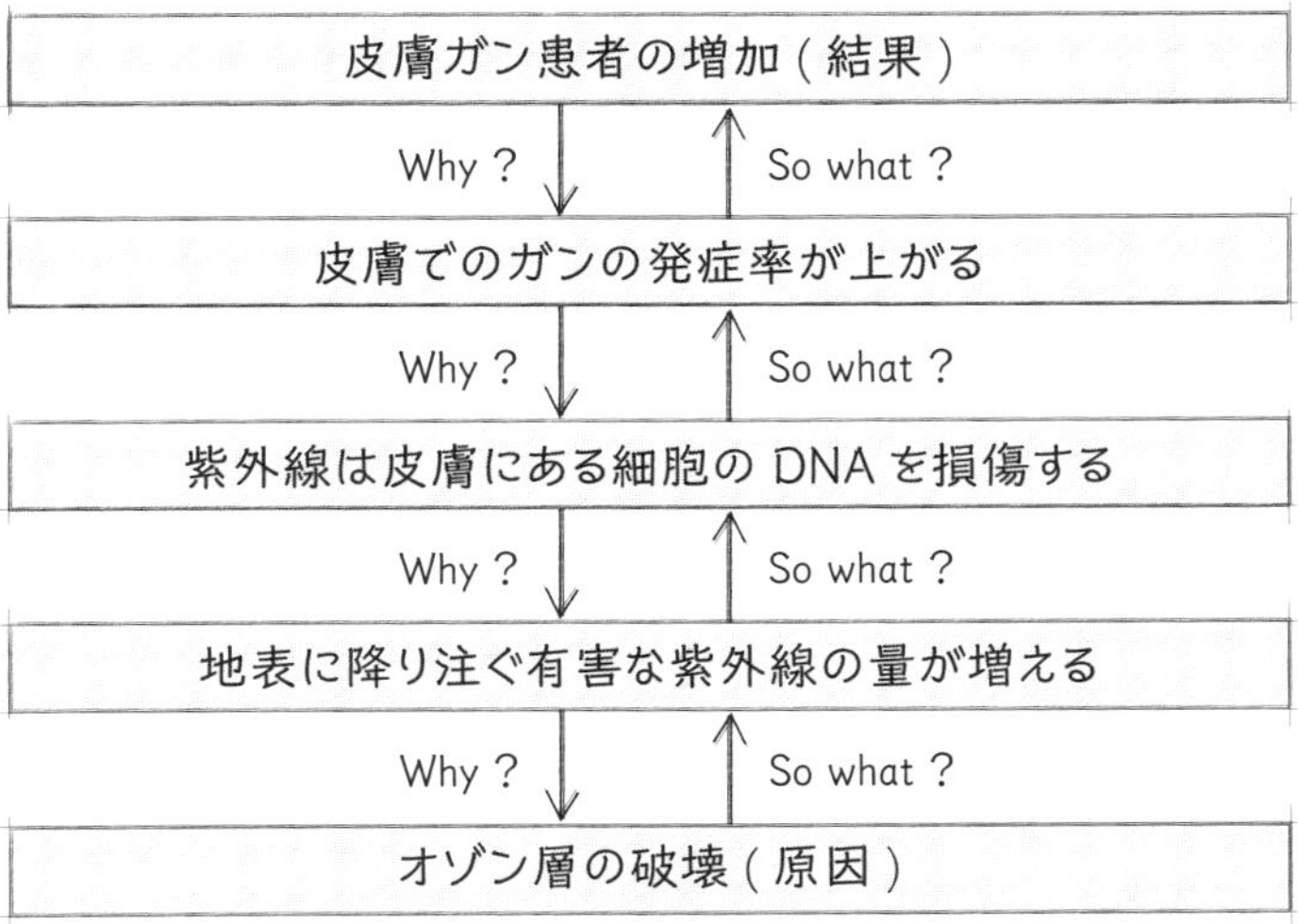
皮膚ガン患者の増加（結果）
Why？
So what？
皮膚でのガンの発症率が上がる
Why？
So what？
紫外線は皮膚にある細胞のDNAを損傷する
Why？
So what？
地表に降り注ぐ有害な紫外線の量が増える
Why？
So what？
オゾン層の破壊（原因）

ゴールから逆算しつつ、聴き手にとって必要な情報を間に挟んでいくつかのステップをつくっていくのです。

このようにして、原因と結果の間を線でつないでいくのです。

即効フレーズ

「実は、●●の本当の原因は、……」

第3の原因の暴露

続いて、使い方2「第3の原因（真因）をみつける」について説明していきます。

因果の使い方１　遠い因果関係をつなげる

因果の使い方２　第３の原因（真因）をみつける

因果の使い方３　因果関係を逆転させる

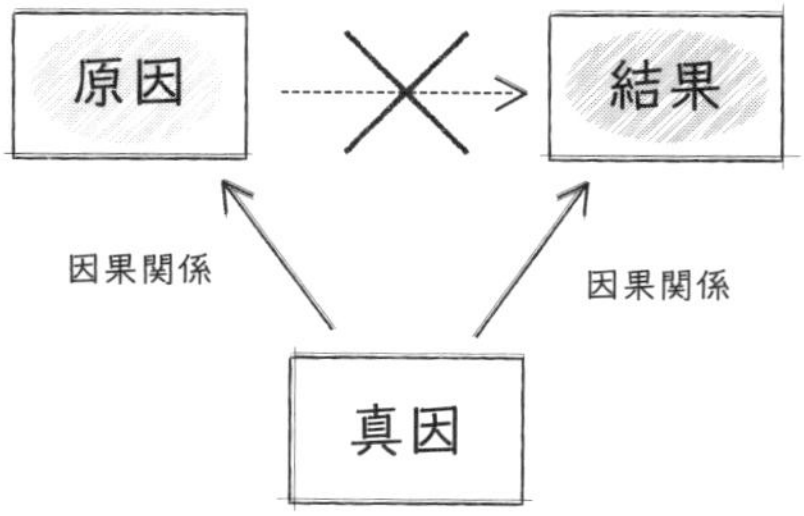

これは、それまで聴き手の中で因果関係にあると思われていたことに、まったく別の第3の原因（これを真因と呼びます）が潜んでいた場合に使える説明です（前ページ図）。

たとえば私は、予備校で受けもっているクラスの生徒から、

「数学が苦手なので、化学の計算問題が解けないんですけど、どうしたらいいですか？」

という相談をよく受けます。このとき生徒は、「数学が苦手」を原因、「化学の計算問題が解けない」を結果として捉えています（下図）。

しかし、実際の受験化学で必要とされる高校数学というのは「指数・対数」の一部くらいで、それ以外の高校数学の解答スキルはほとんど必要ありません。

つまり、「数学が苦手」であることは、「化学の計算問題が解け

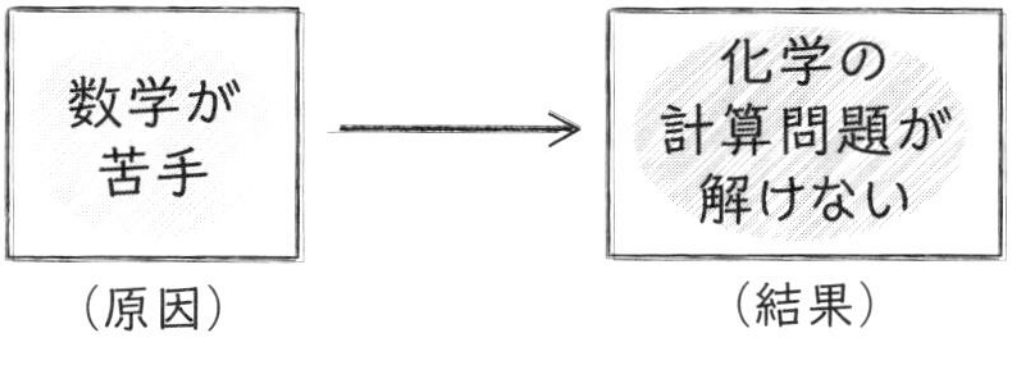

ない」ことの原因とは考えにくいのです。それでは、どんなことが本当の原因として考えられるのでしょうか？

私がこれまで2万人以上の生徒を見てきた経験からいうと、化学の計算問題が解けない理由の1つに「読解力の不足」が挙げられます。

「読解力って、国語で必要なものでは？」と思う方もいるでしょう。もちろん、国語にも読解力は必要です。ただ、化学の計算問題というのは、特に応用問題になればなるほど複雑な実験操作や細かな設定などが入ってきて、問題文が長くなる傾向があります。

そのため読解力がないと、計算問題を解くために必要な数値を、問題文中から適切に拾えなくなってしまう確率が高くなってしまうのです。

また、これは数学科の講師に聞いた話なのですが、

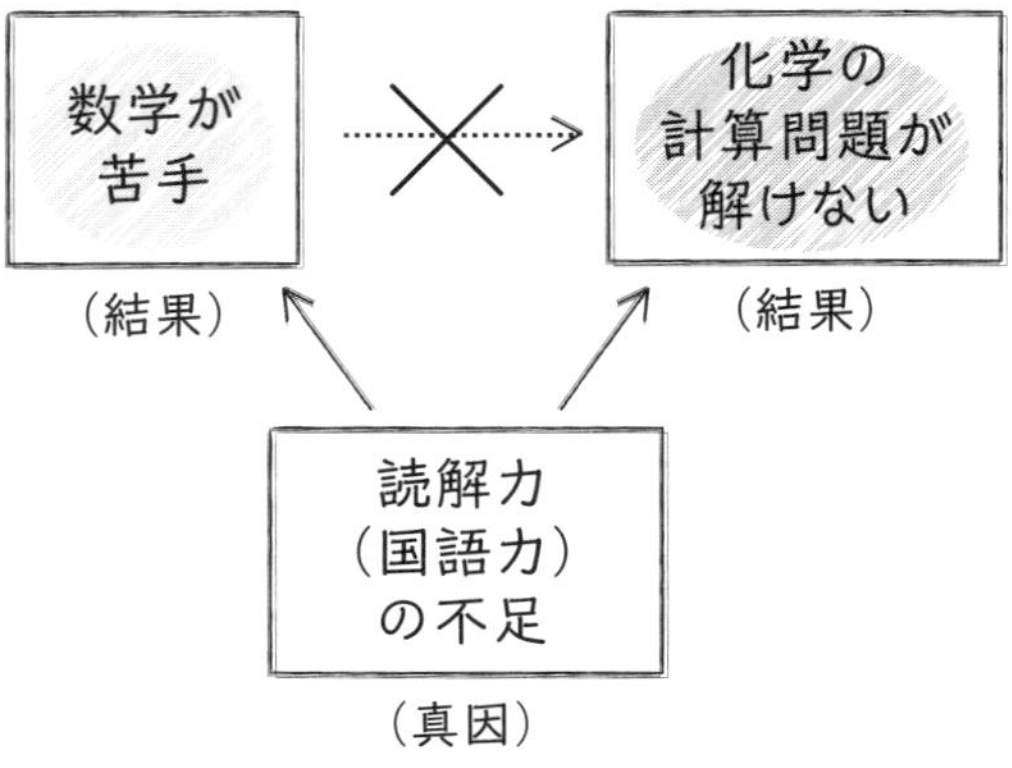

どうやら数学でも同じ傾向があるようです。

数学が苦手な生徒の中には、問題文を正しく理解できていない生徒が珍しくなく、問題文の読み取りミスで失点してしまうことが多々あるそうです。つまり、読解力の不足が原因で数学も苦手になってしまっている可能性がじゅうぶんにあるということです。

これらのことを考えると、実は「数学が苦手」と「化学の計算問題が解けない」が因果関係にあるというよりも、むしろこの2つを引き起こす真の原因＝真因が「読解力の不足」であると考えるほうが自然ですよね（前ページの図）。

まずはこの「読解力の不足」という「第3の原因（真因）」の存在を明らかにしてから、問題文の読解力を上げるコツも合わせて説明すると、生徒の聴く耳は急にこちらに向くのです。

これまで闇《やみ》に潜んでいて正体不明だった真因が一気にあらわになった瞬間、聴き手の気持ちはどんどん高揚しワクワクしていくのです。

即効フレーズ

「●●と××は因果関係にはなく、実は■■が両方の真の原因だったんです」

ニワトリが先かタマゴが先か

最後に、使い方3の「因果関係を逆転させる」についてお話ししていきます。

因果の使い方1　遠い因果関係をつなげる
因果の使い方2　第3の原因（真因）をみつける
因果の使い方3　因果関係を逆転させる

この活用パターンは、はじめ原因だと思っていたことが実は結果で、結果だと思っていたことが実は原因だったたという場合に用いる説明です。

「ニワトリが先かタマゴが先か」ですね。

たとえば、受験勉強においては、「やる気が出ないから、勉強できない。やる気が出れば勉強できる」と思っている受験生が少なくありません。つまり、多くの受験生は、「やる気が出る」が原因で「勉強する」が結果だと捉えているということです。

確かに、やる気が出れば勉強できるかもしれません。もちろん、これは間違ってはいないと思います。

ただ、やる気が出にくい受験勉強においては、この因果関係が逆転することがあります。勉強していたら、やる気が湧いてくる。つまり、勉強すると（原因）やる気が出てくる（結果）という関係性です。

これには「作業興奮」という明確な根拠があります。行動してから気分が乗ってくることを専門用語で「作業興奮」といいます。行動しているうちに、あとからやる気が湧いてくるのです。受験生にとっては、これまで「やる気が出る→勉強する」と考えていた因果関係がひっくり返るのです。

「やる気が出ないから勉強できないのではありません。勉強しないから、やる気が出てこないんです。なぜなら、……」

講演会などで、このように切り出すと、聴き手は「えっ!?　今まで思ってたことと真逆なんだけど……」とびっくりします。そう思わせることができれば、グッと関心を引くことができるのです。

その驚きにかぶせるように、明確なロジックをつなげて説明を展開していくと、聴き手は「確かに！」と感動してくれるのです。

聴き手が「A（原因）→B（結果）」の関係だと思い込んでいることに対して、本当は「B（原因）→A（結果）」であるということを説明するだけで、聴き手に強いインパクトを与えることができます。

即効フレーズ

「実は、●●で××が引き起こされていたんじゃなくって、××のほうが●●を引き起こしていた原因だったんです」


なお、蛇足ではありますが、因果関係を厳密に捉えていくのはかなり複雑な作業となります。なぜなら、これまでお話ししてきた3つの使い方以外にも、いくつか説明の切り口が存在するからです。

たとえば、聴き手がこれまで原因と考えていたものは結果と無関係で、原因を取り違えた場合（ケース1）、真因が複数存在する場合（ケース2）、原因と結果が相互作用の関係性にある場合（ケース3）なども考えられるのです。

ケース1　原因を取り違えた場合

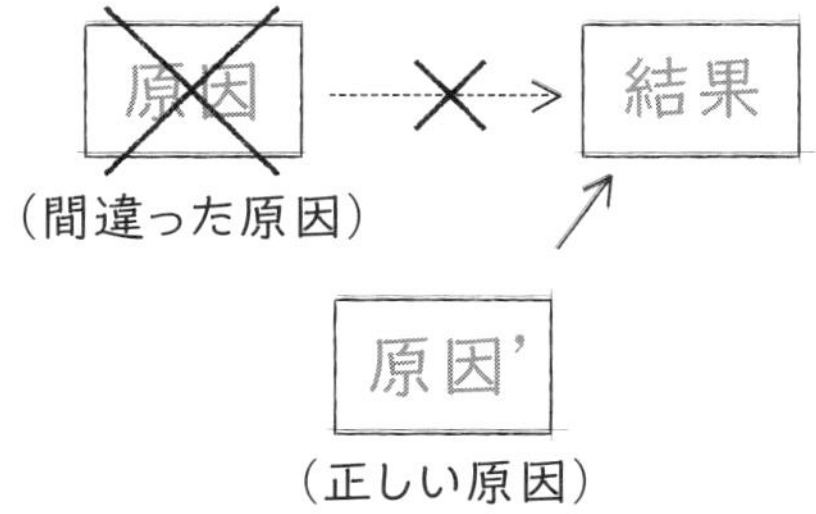

ケース2　真因が複数存在する場合

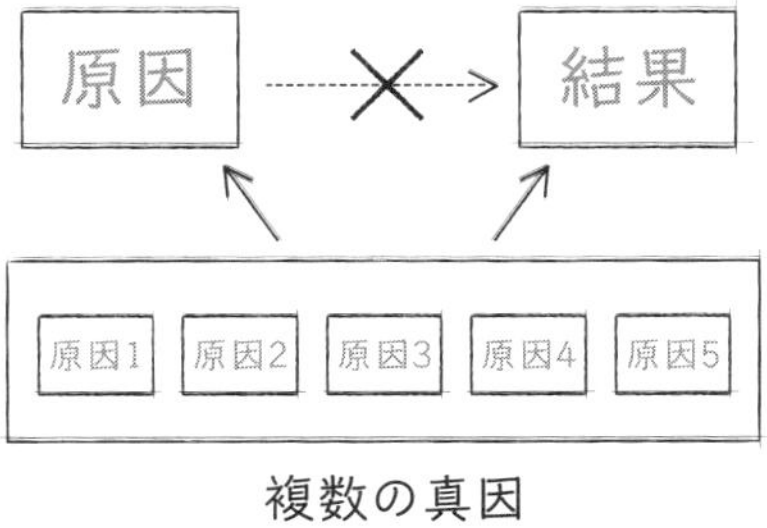

ケース3　原因と結果が相互作用の関係性にある場合

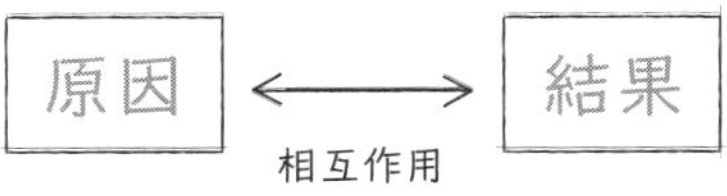

ただ、私がこれまで「因果」の型を使って説明したとき、やはり前述した3つの使い方（遠い因果関係をつなげる・真因をみつける・因果関係を逆転させる）が聴き手の心をより大きく動かすことができました。それは、理解がしやすかったり、与えるインパクトが大きかったり、説明の難易度のバランスを取りやすかったりするためです。

ですので、まずはこの3つの使い方をマスターすることを意識していただければと思います。

聴き手の因果関係に対する思い込みを、話し手の説明で書き換えることは、威力絶大です。ぜひチャレンジしてみてくださいね（これは型の5「破壊」にもつながる考え方です）。

それでは、続いては、型の4「カットダウン」にいきましょう！

即効フレーズ

フレーズ1 「結果は、●●でした。その原因は、……」

フレーズ2 「実は、●●の本当の原因は、……」

フレーズ3 「●●と××は因果関係にはなく、実は■■が両方の真の原因だったんです」

フレーズ4 「実は、●●で××が引き起こされていたんじゃなくって、××のほうが●●を引き起こしていた原因だったんです」

型の4 「カットダウン」

「感動する説明とは一言でいうと、聴き手の知的好奇心を刺激するような説明です」

こんなふうに短く説明されたら、本書のテーマである「感動する説明」とは何なのかがスッと頭に入ってきませんか？

よく言われることではありますが、情報があふれる現代において「情報を絞らず、あれもこれも伝えてしまう」では、あなたの話の価値は上がりません。聴き手がキャパオーバーになって情報を処理しきれなくなりますので、大きなストレスや余計な負担を与えてしまうことにもなりかねません。

今回お話しする「カットダウン」の型を説明に用いると、聴き手が感じるストレスを最小限に抑えることができます。この型は、第2章で述べた「聴いているときのストレスを最小限に抑える」を実践するための型ともいえます。壁を薄くし壊しやすくしてくれる型なのです。

聴き手があるネタについてなんとなく知っていて多少の興味はあるものの、あふれる情報を処理しきれずに消化不良を起こしているということは多々あります。このとき聴き手にとってそのネタは、「関心ゾーン」や「関係ゾーン」にとどまっています。

そこで話し手のほうで情報を必要なものだけに絞り、カットダウン（削減）して説明してあげるのです。**情報量が減ることで、聴き手はその情報を一気に「自分ゾーン」に移動させることが可能になります。**

要するに、聴き手がこれまで「情報が多すぎる」と思って困っている情報を見つけてカットダウンして、「これだけ押さえればいいんですよ」と伝えてあげるのです。情報過多にうんざりしていた聴き手は「大助かり!!」と、前のめりになって説明を聴いてくれるでしょう。

明らかに情報量が過剰で、理解するのが大変だと思われる事柄というのは、今の時代そんなに珍しくないですよね。そういうネタを見つけたら、まずやるべきことは、冒頭の一文のように「○○を一言でいうと、……」と説明に入れてみることです。それだけで**聴き手は「とりあえず、ここだけ押さえればいいんだな」と思い、その情報を積極的に自分の**

中に取り入れようとしてくれるのです。

即効フレーズ ▶「●●を一言でいうとね、……」

ちなみに、聴き手にとって「知らないゾーン」にあるネタでも、もちろんこの「カットダウン」の型は使えます。ただし**この型は、すでに聴き手に「情報量が膨大」と認識されているか、あるいは「理解が大変だ」と思われているネタの場合に大きな効果を発揮します。**

たとえば、受験化学で扱う「結合エネルギー」と「格子エネルギー」の違いに関する説明をカットダウンするとしましょう。

「結合エネルギーは共有結合の切断に必要なエネルギーで、格子エネルギーはイオン結合の切断に必要なエネルギーなんです」

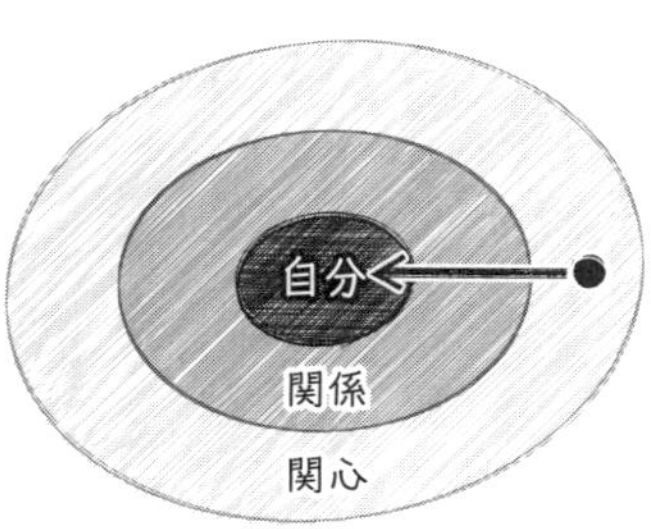

こう説明しても、「結合エネルギー」や「格子エネルギー」をまったく知らない人にとっては、説明がカットダウンされたのかどうかもよくわからないでしょう。**聴き手がまったく知らないネタを「削減してお届けしました!」と言っても、カットダウンのありがたみを感じにくい**ということです。

そのため、ここではあえて「カットダウン」の型の主な機能は、「関心ゾーン」または「関係ゾーン」から「自分ゾーン」への移動と限定しておきます。

過剰なサービス精神は裏目に出やすい

話すネタやテーマは決まっているのに、ついあれもこれもと話したくなるのは人の性分です。特にサービス精神が旺盛な人ほど、その傾向は強くなります。

ただ、そのサービス精神は聴き手にとって必ずしも良いこととは限らないのです。ことに「説明」に関しては、**「最少限の情報」で理解や気づきが得られるほうが、聴き手からすると価値が高いと感じる**ものです。**懇切丁寧で膨大な説明よりも、シンプルでコンパクトな説明のほうが、聴き手のストレスは軽減される**のです。

つまり、余分な情報を削ぎ落とした説明は、実はものすごく価値が高いということです。まさに、**価値ある説明とは、カットし削ぎ落とされて磨きあげられたダイヤモンド**のようなものなのです。

「何を話すか」よりも「何を話さないか」

私が「予備校講師」という存在に憧れを抱くきっかけになったのは、伝説の駿台予備学校講師で化学科の三國均《みくにひとし》先生でした。先生は生前、次のようなことを話されていました。

「何を話すかよりも、何を話さないかを決めることのほうが重要だよ」

聴き手である生徒にとって価値ある講義にするためには、情報量を増やすのではなく、減らすことのほうが大切であることを説いてくれたのです。

予備校講師になりたての当時の私は、この三國先生の言葉の真意を理解することができませんでした。

「できるだけたくさんの知識や情報を話してあげたほうが、生徒は喜ぶのでは？」と思ったのです。

しかし、実際に生徒たちを惹きつけようと思いながら説明を展開してみると、情報量を削ぎ落としたときのほうが、明らかに好反応なのです。逆に、限られた時間の中に知識や情報をめいっぱい詰め込んだ説明は、疎《うと》まれる傾向にありました。

生徒に直接ヒアリングしてみたのですが、ほとんどの生徒は「説明は手短にしてくれたほうが嬉しい」と、口をそろえて言っていました。

私はそういった経験を通して、先の三國先生の言葉を少しずつ実感していったのです。

おもしろいと思ってもらえる説明にするためには、聴き手が情報処理できる量に削ぎ落とすことが大前提です。処理しきれない量の情報は、聴き手にとってただただ苦痛でしかないのです。そして「聴き手が処理できる情報量」のキャパシティ（容量）は、話し手が思っているよりもずっと少ないと思っておいたほうがよいでしょう。

それでは、ネタそのものの「質」は損なわないようにしながら、情報量をカットダウンするためには、どのように説明を展開していけばいいのでしょうか？

「カットダウン」を容易に行うための3つの方法

「カットダウン」の型で情報量を削減する方法は、3つに分類できます。

削減方法1　抜粋
削減方法2　要約
削減方法3　抽象化

まず、削減方法1「抜粋」から説明していきます。

これは、膨大なネタの全体から一部だけ切り取って、聴き手に提示する説明です。ネタの総量が多いときに、より効果的な説明パターンです。

話すべきネタから聴き手に優先的に知ってほしいことを切り抜いて説明するのです。

［抜粋］（カットダウンの型）

なお、話すべきネタから切り取って説明するこの カットダウンの型　削減方法1：抜粋 に対し、 対比の型　武器1：選抜 （137ページ）では複数ある話のネタの中から対比させた上でベストなものを選び取るという違いがあります（下図）。

つまり、この説明ではネタの中で切り取る部分を決める必要があります。

［選抜］（対比の型）

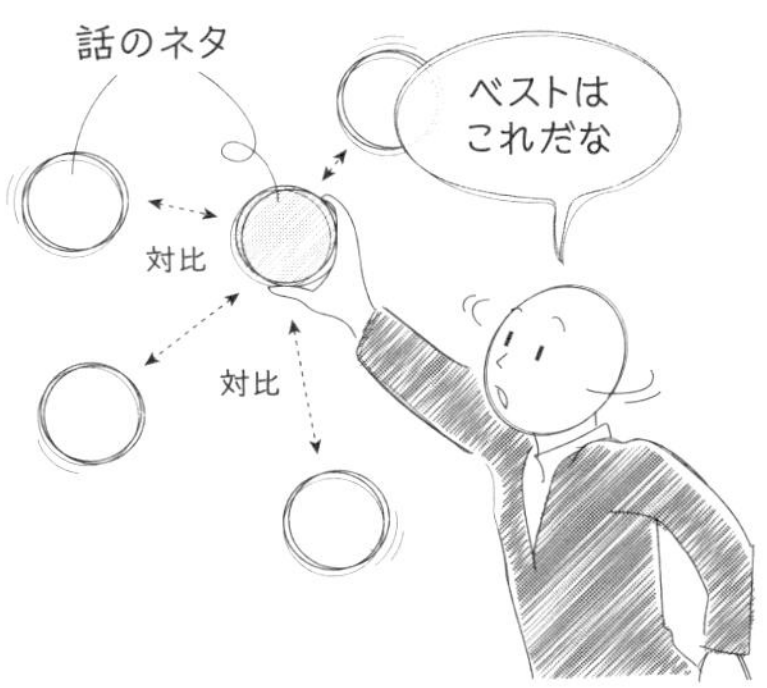

本章の『感動する説明』8つの型」を例に考えてみます。

たとえば時間の制約などで、すべての型をお伝えすることが難しく「カットダウン」の型だけに絞って抜粋して説明するという場合を想定します。このとき、次のように説明すると、聴き手はその内容をキャッチしやすくなります。

「『感動する説明』の型は全部で8つあります。ただ、今回お話しするのはカットダウンの型のみになります。なぜなら、このカットダウンの型というのは、……」

このように、**これから説明していく内容が全ネタの一部分であることを示し、それを自分が「意図して切り出してきたんだよ」ということをアピールする**のです。

その一言を入れておくだけで、大量にある情報の中から「カットダウン」の型をあえて抜粋したという認識をもって説明を聴くことになるので、ただ「カットダウン」の型を伝えるだけの説明よりも、聴き手にとってはありがたい話になるのです。

即効フレーズ

「今日は、時間が限られていますので、皆さんに伝えたいことを1個に絞ってきました」

正当な「言い訳」を用意する

ここで「抜粋」で説明しようとするときの注意事項を1つ、お伝えしておきます。それは、**聴き手に「この人、出し惜しみをしているな」と思われないようにする**ことです。

前の例で説明すると、場合によっては聴き手が「コイツ、残り7個の型を出し惜しみしているな」と思ってしまう可能性があるということです。全部を話さず、一部だけ切り取って話していることに対して、聴き手が不信感をもってしまうのです。

そういった状況を回避するためには、**「カットダウン」の型のみを抜粋した正当な理由もセットにして説明します。**たとえば、時間的制約や聴き手のメリットです。具体的には以下のようになります。

> 「全部で8つの型があるのですが、今の皆さんが最優先で身につけるべき型は、この『カットダウン』の型以外に考えられません。なぜなら、この型こそが今の皆さんにとってもっとも必要かつ効果的に使いこなせる型だからです。ですので、本日は『カットダウン』の型だけに絞ってお話ししますね」

このように、時間的制約や、聴き手のためを思ってということを正直に伝えることで、聴き手は「カットダウン」の型を抜粋したことに納得してくれるのです。

まとめてもらえると、心のハードルが下がる

続いて、削減方法2「要約」についてお話ししていきます。

削減方法１　抜粋
削減方法２　要約
削減方法３　抽象化

この「要約」は、話す内容を圧縮する説明です。「抜粋」との大きな違いは、「抜粋」はネタの一部を取り出して説明していくのに対し、**「要約」はネタの全体像をキープしたまま削減する説明**であることです（左ページの下図）。

「抜粋」は話す内容を部分的に切り取っていること

［抜粋］

この部分を
抜き出そう
チョキ
チョキ
話のネタ

をアピールする説明ですが、「要約」は全体を包括しながら行う説明です。

「要約」を使った説明には、次のような枕詞《まくらことば》をつけるとわかりやすくなります。

即効フレーズ 「要するにね、……」

即効フレーズ 「まとめるとね、……」

［要約］

ネタをギュッと凝縮している説明だということが聴き手に伝わると、聴き手はそのネタの全体像を把握できたような感覚をもちます。するると、自身の中に取り込むハードルが一気に下がって、「自分にもものにできるかも！」「これはありがたい！」という感覚を持ち始め、「自分ゾーン」にこのネタを移動させてくれる可能性が高まるのです。

「抜粋」×「要約」＝「結論」

ビジネスでは常套《じょうとう》手段ですが、「結論だけを手短に伝える」という説明手法もあります。これは、削減方法1「抜粋」と削減方法2「要約」の掛け合わせともいえる手法となります。話すべきネタの中で一番伝えたい「結論」にあたる部分を抜粋し、まとめるのです。イメージとしては序論・本論・結論のうち「結論」の部分だけを抜粋し、さらにその結論の情報量を圧縮して伝えるといった感じです。

結論だけの説明は、「とにかく結論だけが気になってしまう」というせっかちな人や、「ネタのすべてを聴く時間がない」という多忙な人に特に喜ばれます。

結論を抜粋して要約した説明で聴き手を惹き付け、そのネタ自体に興味・関心をもってもらうことを一番の目的にするのです。その上で、時間があれば、序論・本論にある細かい理由や根拠などを後から追加して、さらなる説明を展開していけばいいのです。

このような手順をとると、聴き手はストレスなく説明を聴き入れてくれるのです。

即効フレーズ「一番伝えたいことは、……」

即効フレーズ「結論から言うとね、……」

即効フレーズ「結局はね、……」

少し話が逸《そ》れますが、最近は、flier（フライヤー）などの書籍の要約サイトが人気を博していています。１冊あたり10分ほどで要約を読めたり聴けたりするサービスです。やはり時間がない現代人にとっては、情報を削ぎ落としてもらえるというだけで価値があるのでしょう。

ここでご紹介したいのは、説明における「要約」のスキルアップをしたいならば、フライヤーのような良質な要約サイトの活用が効果的だということです。具体的には、フライヤーなどのサイトに掲載されている書籍の要約と、実際の書籍を見比べてみるのです。その書籍のどの部分を抜き出して、どのようにまとめたのかを対比していくと、要約のコツを知ることができます。書籍の要約を見たり聴いたりすることは、話し手としても学べることが多いはずです。ぜひ一度試してみてください。

抽象化で1つ上の説明へ

最後に、削減方法3「抽象化」を説明していきます。

削減方法1　抜粋
削減方法2　要約
削減方法3　抽象化

「抽象化」の最大の特徴は、ネタの階層（レイヤー）を上げて行う説明だということです。具体的に説明していきますね。

まず抽象化とは、たとえばネタがリンゴであれば「果物」、ネタがイヌであれば「動物」といったように、そのネタの上位概念を見つけていく作業です。

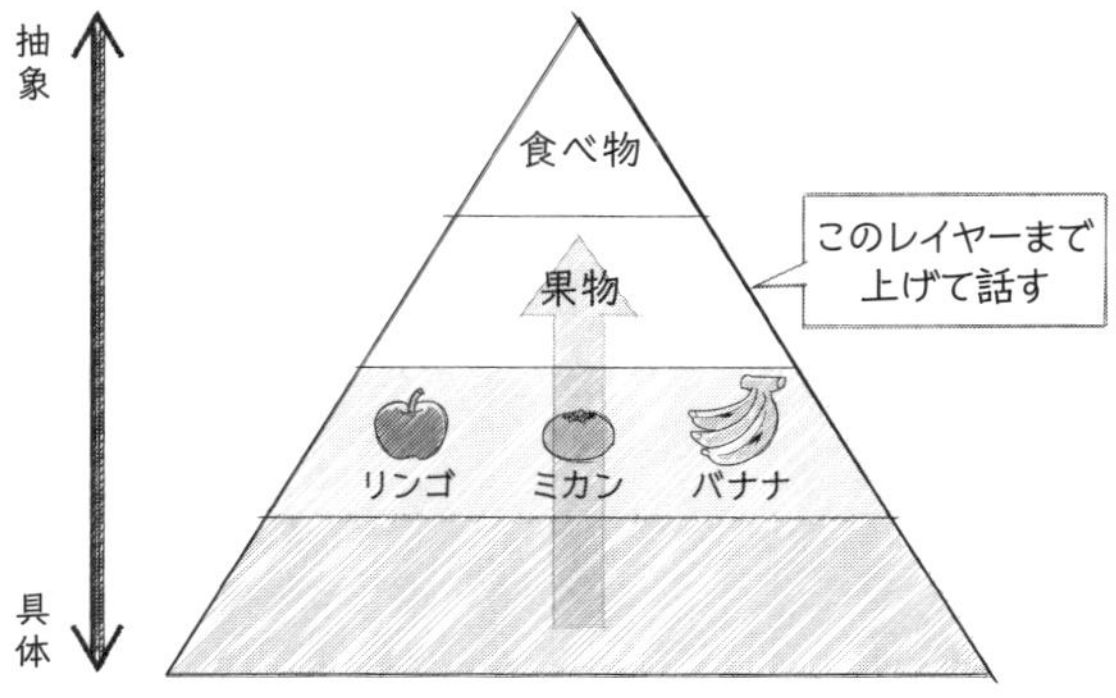

そしてリンゴ・ミカン・バナナを説明するときに、すべてを上位概念の「果物」でくくって話すということがこの「抽象化」を用いた説明です（前ページの図）。

「リンゴ、ミカン、バナナ」と説明するよりも、「果物」と説明したほうが情報量は少なくてすみます。つまり、**ネタを抽象化し1段レイヤーを上げて説明することで、聴き手に与える情報量をカットダウンする**ことができるというわけです。

削減方法2「要約」との違いは、要約はネタのレイヤーを変えずに圧縮してまとめるのに対し、この「抽象化」では、ネタのレイヤーを変えてカットダウンしていることです（下図）。

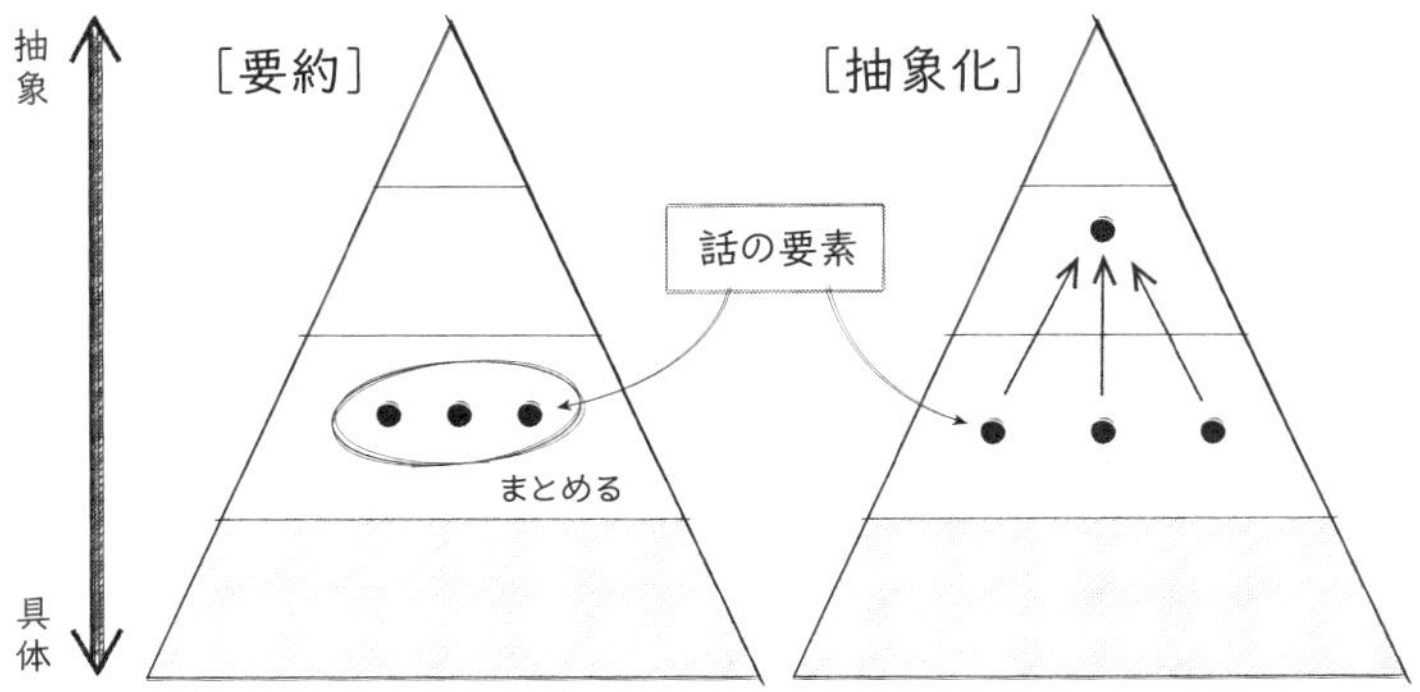

もっとも使いやすい抽象化は「分類」

それでは、どうやって説明に「抽象化」を取り入れていけばいいのでしょうか?

「抽象化」を使うために一番シンプルな方法は、「分類」です。

先ほどもお話ししたように、リンゴ・ミカン・バナナを「果物」というカテゴリーに分類したり、カテゴリーやジャンルなどでひとくくりにして説明するのです。

少し大変に思う方もいるかもしれませんが、化学の例で見てみましょう。

> 「ナトリウムは電気を流しますし、カルシウムも電気を流しますし、アルミニウムも電気を流しますが、リンは電気を流しませんし、硫黄も電気を流しませんが、ただ鉄は電気を流します」

こんな説明ではまどろっこしくて、聴き手はストレスを感じてしまいますよね。ですので、次のような説明にします。

「金属であるナトリウム、カルシウム、アルミニウム、鉄は電気を流します。一方、非金属であるリンと硫黄は電気を流しません」

このように、「金属」「非金属」という分類で抽象化しておいて、そこから説明を展開するのです。そうすることで、説明の総量をカットダウンすることができます。

［抽象化なし］

よく
わかんない
なぁ
?
ナトリウム
は電気を流し、
カルシウムも電気を流し、
アルミニウムも流すけど、
リンは……
聴き手
話し手

［抽象化あり］

なるほど！
そういう
ことか！！
金属である
ナトリウム、……は
電気を流します。一方、
非金属であるリン、……は
電気を流しません

抽象化したテーマやコンセプトを先出しする

もし「分類」以外にも、効果的な抽象化の方法があるかと問われれば、私は迷わず「話のテーマやコンセプトを一言で言い表す」と答えます。

詳細な説明を始める前に、その話全体のテーマやコンセプトをはじめに一言入れておくことで、聴き手はそのあとの説明を受け入れやすくなるのです。聴き手の中の3つの壁を突破する態勢が整うのです。

まず、話の「テーマ」を告げてから説明を展開する例を挙げましょう。

先ほどの化学の例でいうと、

「金属であるナトリウム、カルシウム、アルミニウム、鉄は電気を流します。一方、非金属であるリンと硫黄は電気を流しません」

いきなりこう説明し始めるよりも、次のような説明にしてみるのです。

「固体の電気伝導性について説明します。金属であるナトリウム、カルシウム、アルミニウム、鉄などは電気を流します。一方、非金属であるリンと硫黄などは電気を流しません」

説明を本格的に展開していく前に、この「固体の電気伝導性について」のようにテーマを一言で先出しするのです。そうしておくことで**聴き手は、そのあとに伝えられる情報や知識をスムーズに自分の中に取り込む態勢がつくれる**のです。

説明コンセプトをつくるコツ

次に、「コンセプト」を告げてから説明を展開する方法についてお話しします。

どんなコンセプトで説明すればうまく抽象化できるのか？　それは、聴き手の頭の中に「1枚の絵」が浮かぶようなコンセプトです。

絵やビジュアルというものは、言葉以上に多くの情報をもっています。そのため、**聴き手が頭の中に絵を描くことができた瞬間に、１つひとつの詳細を口頭で説明しなくても済んでしまう**のです。

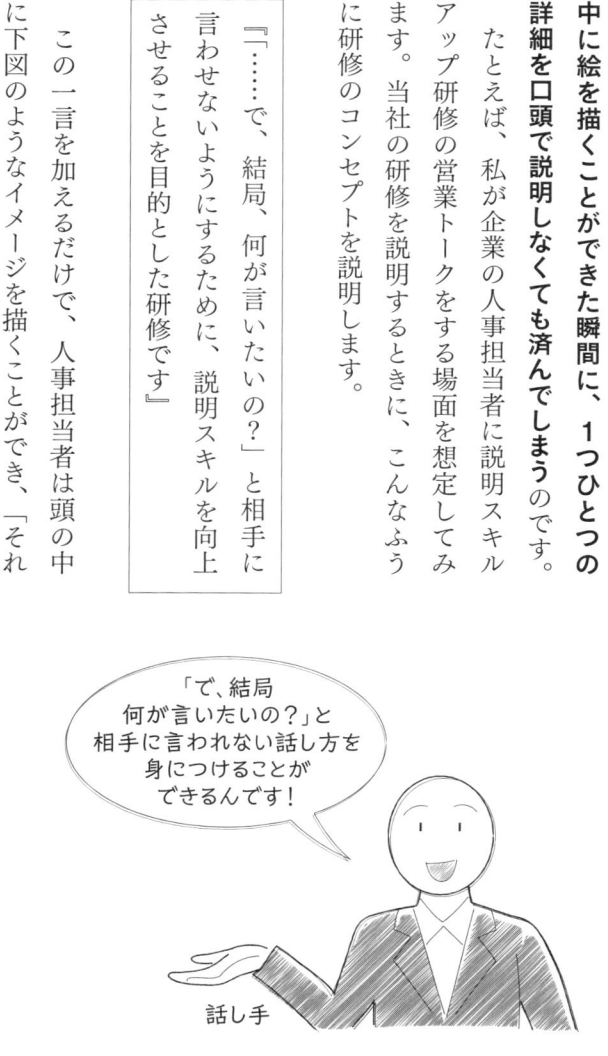

たとえば、私が企業の人事担当者に説明スキルアップ研修の営業トークをする場面を想定してみます。当社の研修を説明するときに、こんなふうに研修のコンセプトを説明します。

『「……で、結局、何が言いたいの？」と相手に言わせないようにするために、説明スキルを向上させることを目的とした研修です』

この一言を加えるだけで、人事担当者は頭の中に下図のようなイメージを描くことができ、「それ

は確かに避けたいな……」と思うのです。

聴き手の頭の中に絵を描かせるコンセプトというのは、説明の総量をカットダウンすることができるのです。

なお、「感動する説明」をするためには、芸術的なタイトルとか雑誌記事のようなキャッチーな見出しをつけることを目指す必要はありません。あくまで、**聴き手がポジティブで積極的な聴く態勢をとれればよいのです。そのために説明のコンセプトやテーマをイメージできるような〝わかりやすい一言〟を添えることができれば、まず問題ありません。**

「本質」を突く

ここからは、少し難易度が上がります。聴き手がまだ気づいていない物事の「本質」を突くということも、「感動する説明」をするためには非常に効果的です。

これができると、情報量をカットダウンできるだけでなく、聴き手が新たな視点を獲得することもできます。そのため少ない情報量にもかかわらず、聴き手は「自分の知識量が増えた」と強く実感するのです。

私が理科の予備校講師の立場として、学生から社会人まで多くの方々からよく聴かれる質問があります。

「高校で扱う物理学・化学・生物学・地学の違いはなんですか?」

このとき私は、次のように答えることにしています。

「この4つの科目の違いは、取り扱う粒子の大きさの違いです」

大雑把《おおざっぱ》にいうと、物理学では素粒子〜原子まで、化学では原子〜分子まで、生物学では分子〜生命個体まで、地学では個体〜地球・宇宙までとなります。つまり、扱う粒の大きさが違うのです（下図）。

もちろん、物理学や化学の場合には、粒子として扱うことができないエネルギーなども登場します。ただ、そういった細部に注目するよりも、**専門的な用語を一切使わないようにして、聴き手が一発でわかるような本質的な捉え方を示すことのほうが、相手の知的好奇心を刺激するためには重要**

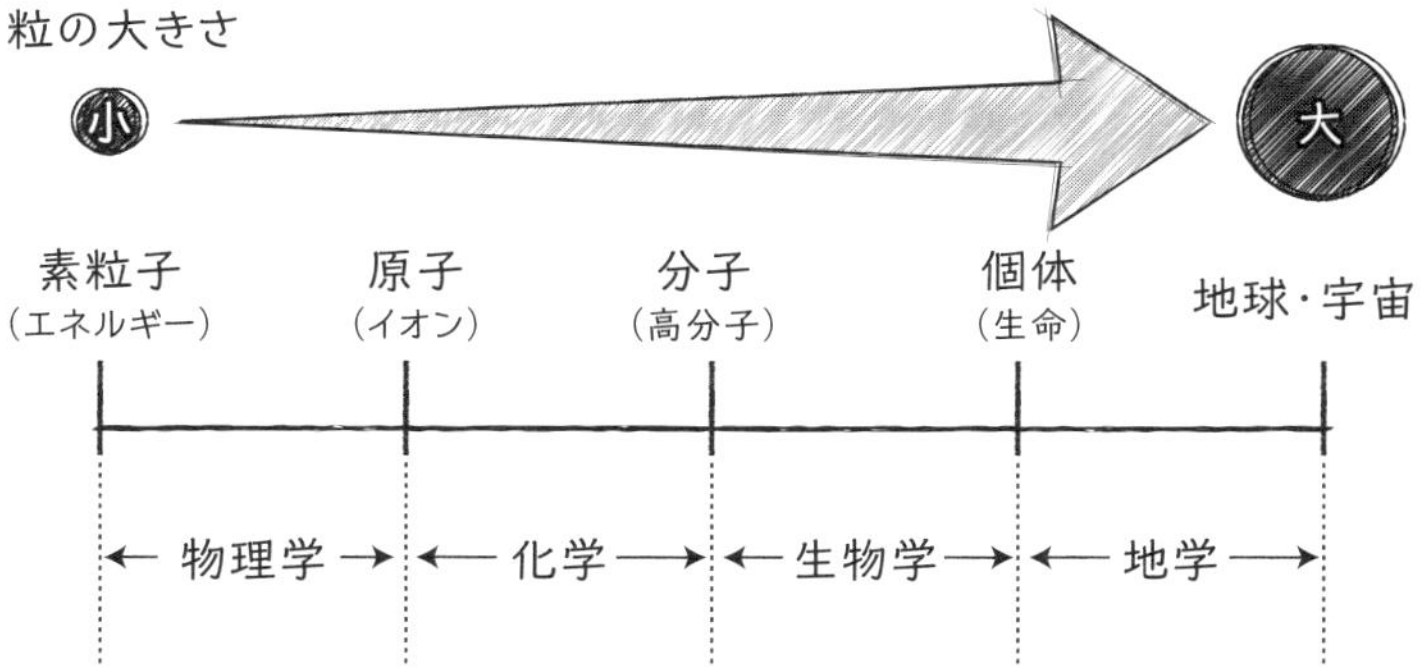

※厳密には、エネルギーと宇宙が関連するなど、物理学と地学がつながるところもあります。

なのです。

また予備校の授業では、元素の周期表というものを次のように説明しています。

「周期表上に、元素がどんなふうに並んでいるか知っていますか？　実は、周期表の右上にある元素は電子が好きで、左下の元素は電子が嫌いです」（下図）。

周期表の右上にある元素は非金属元素と呼ばれ、左下にある元素は金属元素と呼ばれています。

詳細は省きますが、化学の世界で扱う「化学反応」では、各元素の間での「電子」

電子が好き

	1	2	3	4	5	6	7	8	9	10	11	12	13	14	15	16	17	18
1	H																	He
2	Li	Be											B	C	N	O	F	Ne
3	Na	Mg											Al	Si	P	S	Cl	Ar
4	K	Ca	Sc	Ti	V	Cr	Mn	Fe	Co	Ni	Cu	Zn	Ga	Ge	As	Se	Br	Kr
5	Rb	Sr	Y	Zr	Nb	Mo	Tc	Ru	Rh	Pd	Ag	Cd	In	Sn	Sb	Te	I	Xe
6	Cs	Ba	ランタノイド	Hf	Ta	W	Re	Os	Ir	Pt	Au	Hg	Tl	Pb	Bi	Po	At	Rn
7	Fr	Ra	アクチノイド	Rf	Db	Sg	Bh	Hs	Mt	Ds	Rg	Cn	Nh	Fl	Mc	Lv	Ts	Og

枠内の元素は除いて考える

電子が嫌い

金属元素　非金属元素

のやり取りをベースに考えます。そのため、それぞれの元素が電子を好きかどうか、つまり電子と相性が良いかどうかが化学反応を考える上で非常に大切になってくるのです。そして、金属元素はみなこぞって電子が嫌いなのです。だからかんたんに電子を手放してしまうわけです。つまり、金属元素は電子が嫌いだから電気を流すことができるのです。

専門家からみれば当たり前のことかもしれません。しかし、当たり前のことは往々にして本質的なことだったりします。**本質的なことや、一歩引いてはじめて捉えられる大局観というものを説明に織り交ぜていくと、聴き手に新しい視点を与えられる**のです。新しい視点が得られると、聴き手の知的好奇心は刺激され、その説明に感動するのです。

私も自分の専門外である世界史を教養として少し勉強しようと思ったことがありました。そのとき知人の世界史の講師に「どうやったら世界史って理解できるんですか?」と尋ねてみました。

彼は「世界史を理解するコツは、その時代の人たちが、どんな環境で、何に対して、どう考えているのかを知ろうとすること。結局、歴史は人の感情で動くものですから」と教えてくれました。

詳細な年代や人名を一生懸命に暗記するよりも、そのとき人々が置かれていた環境や起こった出来事に対する人々の感情の変化を知ったほうが、歴史の大きなうねりを理解できるというのです。

世界史をはじめとする社会科目を暗記一辺倒のものとして考えていた私にとっては、このような視点がとても新しく、世界史の見方が変わり、自分の中に取り入れることに対するハードルが一気に下がったのです。まさに心を動かされるような説明でした。

話し手にとっては当たり前の情報や知識だったとしても、そういった大局観を聴き手に説明してあげることは、話し手が思っている以上に聴き手をワクワクさせることができるのです。

ダークサイド的スキルの3ステップ

最後に、この「カットダウン」の型を使ったダークサイド的なスキルをお伝えしておきます。先にお断りしておきますが、くれぐれも悪用厳禁でお願いしますね（笑）。

これは、次のステップで行っていくものです。

Step1 **あえて、大量の情報を聴き手に与える**

Step2 **聴き手が情報過多でストレスを感じる**

Step3 **その瞬間に「カットダウン」の型を使って、ストレスを解消させる**

なぜ、これがダークサイド的スキルなのか？　実は、このステップで説明するだけで、ほとんどの聴き手があなたに感謝するようになるからです。

要は、**わざと聴き手にストレスをかけ、そのストレスを話し手自らが取り除いてあげる**ということです。まさに**確信犯的な自作自演の説明ノウハウ**なのです。

これは、次のようなフレーズを使うと効果的です。

即効フレーズ

「これまでにお話しした●個のノウハウを1つにまとめると、結局、××だけすればいいということになります」

こう話すだけで、聴き手は「ひとまとめにしてくれて、本当にありがとう!!」——そう思ってあなたに感謝してくれます。

たとえば、企業研修で30ページ以上もあるテキストを使っての講義の際、最後に、

「今日は、歴史やメカニズムなども合わせて説明してきましたが、結局、この○○だけを今は知っておいてくださったら、なんら問題ございません」

このように、「いろいろな説明をしてきたけど、聴き手に持ち帰ってもらいたいのは1つだよ」ということを伝えるのです。「建前上、すべて説明しなければならなかったけど、聴き手にとって一番大切なことを1つに絞ったらこれです」というかたちで伝えてあげるのです。

そうすることで聴き手はとてつもない爽快感が得られ、話し手への感謝の気持ちでいっぱいになるのです。

なお、このダークサイド的なスキルを使う上での注意点が1つあります。それは、Step1で説明する**大量の情報は、最終的にすべて聴き手にとって必要になるもの**だと

いうことです。逆の言い方をすると、最終的に必要ではない情報を大量に聴かされたと気づいたら、相手はどう思うでしょうか？

不要な情報を与えられてストレスフルになっている聴き手に対し、「実は○○だけ知っておけばいいのです」なんて伝えたら、「だったら、先にそれだけ言えよ！」と激怒されるかもしれませんよね。

そういった意味で、このダークサイド的なスキルは諸刃《もろば》の剣《つるぎ》ともいえるので、取り扱いには注意が必要です。

なお、正直に告白すると、私もこのダークサイド的スキルを使ってしまうことがあります。ただ、それは確信犯的な使用よりも過失的な使用のほうが多いのです。

苦し紛れの言い訳に聞こえてしまうかもしれませんが、勢いづいて説明のボリュームが多くなってしまったなと講義終盤に我に返ることがたびたびあります。

そんなとき、思い出したかのように、この「カットダウン」の型を使って聴き手のストレスを軽減させることを試みるわけです。結果として、このダークサイド的スキルのStep1～3を踏むことになってしまうのです。

最後に、謝罪をしておきます。本項が「カットダウン」の型なのに、全8つの型の説明の中で、もっともボリュームのある型になってしまいました。有言実行できておらず、本当に申し訳ございません。

あなたのストレスを少しでも緩和するために、ここで紹介したフレーズの中で、私がもっとも即効性があると思っているフレーズをお伝えします。

それが、「これまでの話を一言でまとめるとね、……」です。ぜひこれだけはすぐにでも使ってみていただければと思います。

続いては、型の5「破壊」です。その名前からしても、かなり強力な型です。ぜひお楽しみに！

フレーズ1　「●●を一言でいうとね、……」

フレーズ2　「今日は、時間が限られていますので、皆さんに伝えたいことを1個に絞ってきました」

即効フレーズ　&フレーム

フレーズ3　「要するにね、……」
フレーズ4　「まとめるとね、……」
フレーズ5　「一番伝えたいことは、……」
フレーズ6　「結論から言うとね、……」
フレーズ7　「結局はね、……」
フレーズ8　「これまでにお話しした●個のノウハウを1つにまとめると、結局、××だけすればいいということになります」
フレーズ9　「これまでの話を一言でまとめるとね、……」

フレーム　ダークサイド的スキルの3ステップ

Step1　あえて、大量の情報を聴き手に与える
Step2　聴き手が情報過多でストレスを感じる
Step3　その瞬間に「カットダウン」の型を使って、ストレスを解消させる

型の5　「破壊」

「太陽が地球の周りを回っているのではなく、地球のほうが太陽の周りを回っているのです」

16世紀まで、太陽などの天体は地球の周りを回っているという天動説が信じられていました。これに対してコペルニクスが、地球が太陽の周りを回っているという地動説を提唱し、その後ガリレオやケプラーが天動説をひっくり返したのです。

この地動説以外にも、ニュートンの万有引力の法則、アインシュタインの相対性理論、ダーウィンの進化論、ワトソンとクリックのＤＮＡ二重らせん構造の発見……など、数々の理論が発表されては、過去の常識がひっくり返されてきました。

これらの科学の理論は、それまでの理論を一掃してしまう威力をもった世紀の大発見でした。言うなれば、これまで多くの人々の間で信じられていたことを一気に「破壊」するパワーがあったのです。

たった1つの新たな理論によって、それまでのさまざまなルールや法則があっというまにひっくり返されることがあります。まるで、オセロのように。

今回、ご紹介する型は、**すでに聴き手の頭の中にある「常識」や「ルール」をいったん壊し、そのあと一気に書き換えてしまう機能をもっています。**

つまり、「破壊」の型のイメージを一言でいうと「スクラップ&ビルド」。日本語でいうと、壊して建てること。「破壊」の型はその名の通り、壁を力ずくで破壊してガンガン突き進むような説明です。少し乱暴な荒療治のようなものですが、話し手が説明するネタを、新幹線のように超特急で「自分ゾーン」に連れて行ってくれる力強さをもっています。

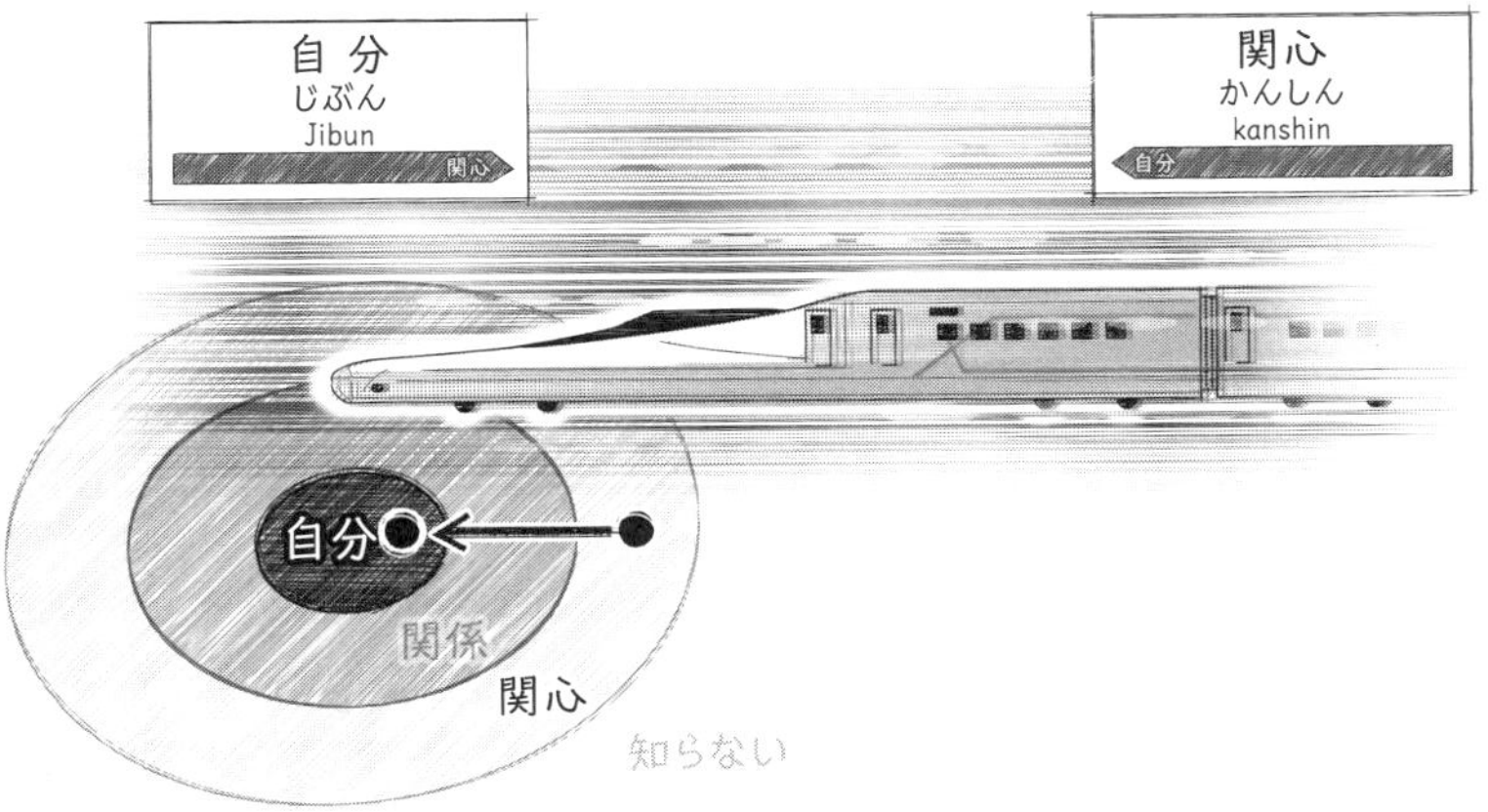

前半は「スクラップ」、後半は「ビルド」

「破壊」の型は、次の2段階で活用するものです。

前半 **スクラップ＝聴き手が当たり前だと思っている「常識」を否定して破壊し、聴き手にショックを与える**

後半 **ビルド＝そこを埋める新しい理論（本来の説明ネタ）をかぶせて再建する**

まず最初に、聴き手にショックを与えます。聴き手に「ガ～ン！」「そんなバカな!!」と思わせるような感じです。

すでに30カ国以上で翻訳されていて、日本でもベストセラーとなった『ショック・ドクトリン』（ナオミ・クライン著、岩波書店）という著作をご存じでしょうか？　カナダのジャーナリストであるクラインはこの本で、危機的状況によってショックを受けた人々は自分たちが不利になってしまうような経済政策などを受け入れてしまいやすいということを指摘しています。

つまり、**意図的にいったん聴き手にショックを与えると、話し手の説明を受け入れやすい状況がつくられる**ということなのです。

もちろん聴き手は精神的ショックを受けますが、その反動で新しい知識や視点を手に入れることができるため、結果的には大きなワクワク感を得ることができます（こういったときに湧き起こる知的好奇心を、心理学用語で特殊的好奇心といいます）。

この型は劇薬にはなりますが、この型を身につければ、聴き手を虜《とりこ》にすることが容易となるのです。

スクラップでショックを与える

それではまず、ショックを引き起こすスクラップから考えていきましょう。

「破壊」のターゲットは、聴き手が当たり前だと思っている「常識」です。もちろん、冒頭にある天動説のようなビッグ理論でなくてかまいません。世間一般で通説とされているようなことを、「それは違うよ」と伝えるだけでも、じゅうぶん「破壊」になります。

今でも私の脳裏に焼き付いている、「破壊」の型が使われた説明の例を挙げましょう。


「情報革命は、実はエセ革命なんです。なぜなら、農業革命や工業革命は人口を大きく増やす方向に向かっているものなのに、情報革命は人口を減らす働きをしている。そもそも、社会における産業革命は、人口を増やす方向に向かわせる役割があるはずです。それにもかかわらず、情報革命は人口を減らしてしまっているのです。だから、情報革命はエセ革命なのです」


この説明の内容に対しては、いろいろな意見があるかと思います。

ご存じのように情報革命は、人類の歴史の中で農業革命・工業革命につづく革命です。情報革命は人類に豊かさをもたらしたという人も、もちろんいます。

ただ、ここで私がお伝えしたいのは、その「破壊」の使い方の秀逸さです。「情報革命=良いこと」という私たちの思い込みや常識を真正面から否定（破壊）しています。この話はたった一度講演会で聴いただけなのに、今でも私の頭にこびりついているのです。

付け加えると、この説明はたんに常識を壊すだけではなく、「産業革命の本質（＝人口を増やす役割を担うもの）」を突いてもいます。つまり、型の４「カットダウン」でご紹介した、「当たり前で本質的なことや、一歩引いて捉える大局観というものを説明に織り交ぜる手法」が組み合わされているのです。

「カットダウンの型」と「破壊の型」の２つの型の効果が掛け合わさって、知的好奇心がより刺激される「感動」の大きい説明になっているのです。

破壊する前に確認すべき大前提

ところで、「破壊」の型を使っていくときに気をつけるべきことが１つだけあります。

「破壊」の型を使うときの大前提として、ありきたりの事実説明を行うか、別の型を使って必ず「認知の壁」を先に壊してから「破壊」の型を使うようにしてください。

つまり、話すネタが「関心ゾーン」を含めその内側にある場合のみ、この「破壊」の型はパワーを発揮します。

なぜならこの**「破壊」の型というのは、すでに聴き手の頭の中にあることを破壊すること**

で初めて成立するものだからです（この点については「カットダウン」の型と同じですね）。

聴き手がまったく知らないことに対して、「これまでとは逆の考え方なんだよ！」と主張しても、聴き手は理解できません。

そもそも**聴き手が破壊され得るネタに関連した情報や知識、あるいは意見や考え方をもっていないと、話し手が破壊しようにも破壊ができません。**ないものは破壊できないのです。

たとえば農耕民族に対して、「これからは工業化社会ではなく、情報化社会なんだ」と主張しても、工業化社会をそもそも知らない農耕民族にとっては、情報化社会への移り変わりの意味がわからないのです。

つまり、「破壊」の型を使う場合には、聴き手の知識や考え方をあらかじめ知っておくことが必須となりま

す。第2章の大原則でお話しした「聴き手のプロファイリング」をしっかり行うことが大切になってくるのです。

「小さな破壊」でもじゅうぶん効果的

ここで1つの疑問が浮かんでくるかもしれませんね。それは、「話すネタがある程度決まっている場合には、この『破壊』の型は使いにくいんじゃないか？」ということです。

確かに、当たり前のことや決まりきったことを話さなければならないときには、不向きな型のように思えるかもしれません。しかし実際には、わずかな破壊でも必ず目に見える効果があるのがこの型の特徴です。

ですので、小さくても、破壊ができないかと考えて試してみてほしいのです。天動説や産業革命といった目を見張るようなどでかい破壊でなくてもいいのです。たとえば、私が最近「破壊」の型を使っていておもしろい話だなぁと思ったのが、ある企業の社長講演です。

その社長さんは、倒産しかかった自社を抜本的な人材育成改革によって年商数十億円以上にまでV字回復させた、まさに社内改革のプロフェッショナルです。

そんな社長さんが人材育成をテーマに講演されたときのことです。その講演で「人材育成とは何か」というテーマについて、次のように説明されていました。

「企業での人材育成は、通常、
人材育成＝①企業の業績の向上＋②個人の能力の発揮
と言われることが多いのです。つまり、①と②の足し算です。ただ、私がこれまで実践してきたことから、②の『個人の能力の発揮』を徹底的に行えば、結果として①は達成されるものだと考えています。
ですので、弊社の人材育成では、個人の能力をまず高めることを優先的に取り組んでいます」

この説明を聴いていて私がおもしろいと感じたことは、人材育成においては通常、①と②は足し算で考えられている※（①＋②）という前提を示した上で、それを壊して、そこに②が原因で①が結果になる（②→①）という新しい見方をかぶせていたことです。

※コトバンク（さまざまな辞書から、用語を一度に検索できるサービス）の「人材育成」の項目には、「企業の業績向上と従業員の個人的能力の発揮との統合を目指す」という記載あり。

この事例から学べることは、**仮にあなたの話すテーマと話すネタがある程度決まっていたとしても、通説や常識の「破壊」を冒頭に付け加えるだけで「感動する説明」になる**ということです。

破壊のターゲットは、大きな理論や常識でなくてもいいのです。こうした世間一般で考えられていることや通説、すでに聴き手がもっている考え方や認識などを、部分的にでも破壊してみることです。新たな視点を与える説明というのは、話し手が思っている以上に聴き手にとっておもしろみが大きいのです。

ショックの大きい「スクラップ」の2大手法

それでは、続いて「破壊」を実践するときのコツです。

私は、聴き手の「ショック」を最大化するために、前半の「スクラップ」を以下の2つの手法のいずれかで行うことをお勧めしています。

スクラップ１　前提を壊す
スクラップ２　逆張り

まず、スクラップ１「前提を壊す」から説明していきますね。聴き手にショックを与える手法で、もっともシンプルなのがこの「前提を壊す」です。

有名なのは「コロンブスの卵」。こんな話でした。

「新大陸の発見なんて誰でもできる」と中傷されたコロンブスが、「じゃあテーブルの上に卵を立ててみてください」と言ったところ誰もできなかった。そこでコロンブスはその卵をテーブルの上でグシャッと潰して、卵を立ててみせました。

後から結果だけ見たら誰でもできたかもしれないと思

ってしまうような、何でもないことだったとしても、「卵を割ってはいけない」という皆が勝手に思い込んでいた「前提」を壊すことの重要さを説いた逸話ですね。

このコロンブスの卵を見て周りがショックを受けたように、**前提を壊す説明をすることで聴き手にショックを与えることができます。**

たとえば、ダイエットに勤《いそ》しんでいる女性に対して、

「あなたのやってるそのダイエット方法、そもそも女性には不向きな方法なんです」

このように、前提を破壊してショックを与えるのです。**破壊すると聴き手の頭の中にぽっかりとブランク（空白）ができるので、後半の「ビルド」で自分の説明や主張をそのブランクに投げ入れやすくなる**のです。

「そこで、女性に特に効果を発揮しやすいダイエット方法を、私が開発したんです」

こう説明をたたみかけていくことで、聴き手はその話のネタに聴き入ってしまうのです。聴き手の頭の中には新鮮な考え方が生まれたり、新しい視点をもてたりするようになります。聴き手は知的好奇心を刺激され、こちらが思っている以上にワクワクしてくれるはずです。

前提を壊す破壊の無敵フレーズ

ここでもっとも効果的なフレーズは、

即効フレーズ▶「そもそも、……」

これでじゅうぶんです。このさりげない枕詞には、とてつもないパワーが秘められているのです。「破壊の型」では、このフレーズが最強だと断言できます。

たとえば、私は経営している塾の生徒や親御さんに、

「そもそも、模試の偏差値なんか、志望校を選ぶ上で参考になりませんよ」

このように話すようにしています。これを聴いた生徒や親御さんたちは、最初、キョトンとした顔をします。

生徒やその親御さんの多くは、模試の偏差値を信仰しています。そういった人たちは、模試の結果で出てきた偏差値や大学の合格判定（A～E）に自らの進路を振り回されてしまうことが少なくありません。

しかし実際に大学入試の合否を決めるのは、年度末に実施されるその大学固有の入試問題でとれた得点のみです。そのため、出題傾向や形式が異なる上に、未習範囲も出題されるような模試の判定結果だけで、自分が受けようとする大学の合否を憂《うれ》うということ自体、私はナンセンスだと思っています。

それよりも本人が志望する大学の過去問を、本人がすでに習った単元などに絞って部分的に解いてみて、何割ほど取れるようになったかを、学習の到達レベルや進路決定の目安にすれば良いと考えています。

予備校が実施するその年度の最後の模試でE判定や偏差値50台しか取れていない生徒

が、東大・早慶上智理科大や医学部などをはじめとする難関大学にゴロゴロ受かっていくのをこの目で何度も見てきています。

逆に、偏差値65をとって油断し、対策をきちっとやらなかった子がMARCH（明治・青山・立教・中央・法政）に落ちてしまうということも見てきました。

こういった実体験も含め、「偏差値信仰は悪」という考えを生徒やその親御さんに説明すると、「考え方が変わりました！」とおっしゃる方が多いのです。**話し手側が思っている以上に、前提を壊す説明は、聴き手の心を大きく動かす**ということです。

右に振れたら左に振る——破壊のショックの最大化

続いて、聴き手の「ショック」を最大化するための「スクラップ」の手法の2つ目、「逆張り」について説明します。

スクラップ1　前提を壊す

スクラップ2　逆張り

この「逆張り」は、具体的には以下の2ステップで行います。

Step1 世間一般の認識を探って、自分の主張とずれているところを探る
Step2 ずれているところを利用して、世間の人とは逆の主張を唱える

まず、Step1では、話すネタの中にある自分の主張が世間一般の認識とずれているかどうかということを探ります。そこにずれがないのであれば、わざわざ逆張りする必要はありません（むしろ、できません）。

一方、少しでも世間一般の認識とあなたの考え方がずれているところがあるのなら、それはチャンスです。「それって、なんかおかしくないか」――そう思うところがあれば、そこにフォーカスするのです。

次に、Step2です。世間一般の考え方と自分の考えがずれているところに絞って、逆張りします。

たとえば、「みんな起業しよう！」という風潮が世の中に蔓延《まんえん》していて、「それはなんか違うな……」と思ったら、「みんなで会社を盛り上げよう！　社畜万歳!!」といった考え方を示すのです。

もちろん、本心からそう思っていることが大事ですが、そこまで強い主張でなかったとしても**真逆に考えを振るというだけで、その反動によりそこに大きなエネルギーが生まれる**のです。

ある考えなどに反発してエネルギーを一方向に向かわせるという意味では、型の2「対比」でお話しした、強大な悪や不便に立ち向かわせることで一方向に聴き手の意識を向かわせる「仮想敵」の考え方にも近いと思います。

なお、このとき、自分の説明を展開する前に、

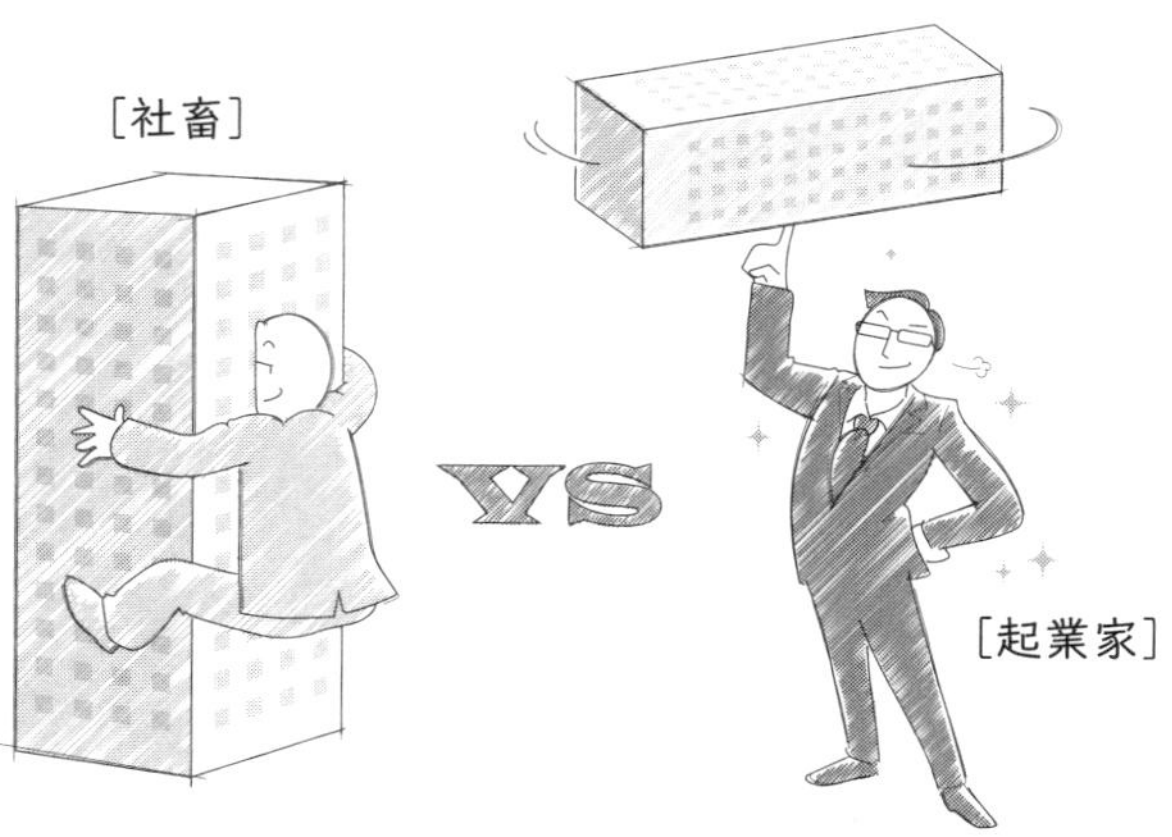

必ず、次のようなフレーズで、世間一般での考え方と、自分が話す内容の中にある新しい視点をセットにして説明してください。

即効フレーズ 「一般的には●●と考えられているのですが、……」

即効フレーズ 「普通、●●だと思いませんか？　でも実際には、……」

「ビルド=再建」はあなた本来のネタを

「破壊」の型は、次の2段階でしたね。

前半　スクラップ=聴き手が当たり前だと思っている「常識」を否定して破壊し、聴き手にショックを与える

後半　ビルド=そこを埋める新しい理論（本来の説明ネタ）をかぶせて再建する

後半のビルドですが、ここは話し手であるあなた本来のネタを説明してください。前半のスクラップがすでに完了しているので、この時点で聴き手の頭の中は更地《さらち》の状態です。そこにあなたの新しい理論（本来の説明ネタ）を建てるのは容易なはずです。もちろん、ここでいう新しい理論というのは、話し手自身が目新しさを感じていないネタでも大丈夫です。

大切なことは、聴き手が「新しい」と感じることなのです。そう仕向けるために前半のスクラップが必要だったのです。

「破壊」したことの正当性を説明する

そして、最後の念押しです。ここがとても大事です。

このビルドの段階では、話し手の主張や新たな情報を、聴き手に納得させるための説明を中心に行います。ここでは、**論理的な説明だけでなく、証拠などの裏付けや事実もセットで提示していく必要があります。**

また、「なぜ、その新しい考えを取り入れる必要があるのか？」といった、聴き手のこれまでの古い考えを新しい考えに入れ替える正当な理由を説明していく必要もあります。「社畜万歳!!」と言ったからには、それ相応の説明が求められるということです。

なお、ここで活躍するフレーズとしては、次のようなものがあります。

即効フレーズ　「なぜなら、……」

即効フレーズ　「どうしてかというと、……」

即効フレーズ　「事実、○○ということがあったからなんです」

ありきたりではありますが、このような枕詞をしっかり添えて、自前の主張を確実なものとして展開していってくださいね。

なお、私はこれまで1000人以上の話のプロの方々の説明の手法を研究してきましたが、おもしろくて知的好奇心を刺激するような感動する説明のできる人が「逆張り」を使うときは、ビルドまでしっかり行っています。

裏を返せば、**「話がつまらない人」**の多くが、**スクラップ止まり**なのです。主張がない中途半端な逆張りになってしまっているのです。

つまり、このビルドを怠ると、世間一般の考え方をただ否定しただけになってしまいます。下手をすると、聴き手の反感を買ってしまう可能性すらあります。

スクラップで聴き手の頭の中にあるものを破壊したら、ビルドで必ず聴き手が納得できるロジックや裏付けをセットにして説明してくださいね。

揺り戻しは必ずやってくる

なお、**世の中とはおもしろいもので、振り子のように揺り戻しが必ず起こります。**どちらかに振れたあとは、必ずその逆に振れるようになっています。

たとえば、「絆」という言葉が流行《はや》ったあとに、精神的な自由や心の解放を説いた『嫌われる勇気』(岸見一郎/古賀史健著、ダイヤモンド社)が大ベストセラーになりました。これは、人間関係上の「束縛」に対する揺り戻しがあったからではないかと考えています。

人と人との距離が「絆」という言葉により近づいたことで、「自由」に対する欲求が強くなり、揺り戻しが起こったのでしょう。

もちろん、ここまで大きな揺り戻しでなくても、世の中では大小関係なしに常に揺り戻しは起きています。

そして、**世の中がどちらかに振れているときが、実は「逆**

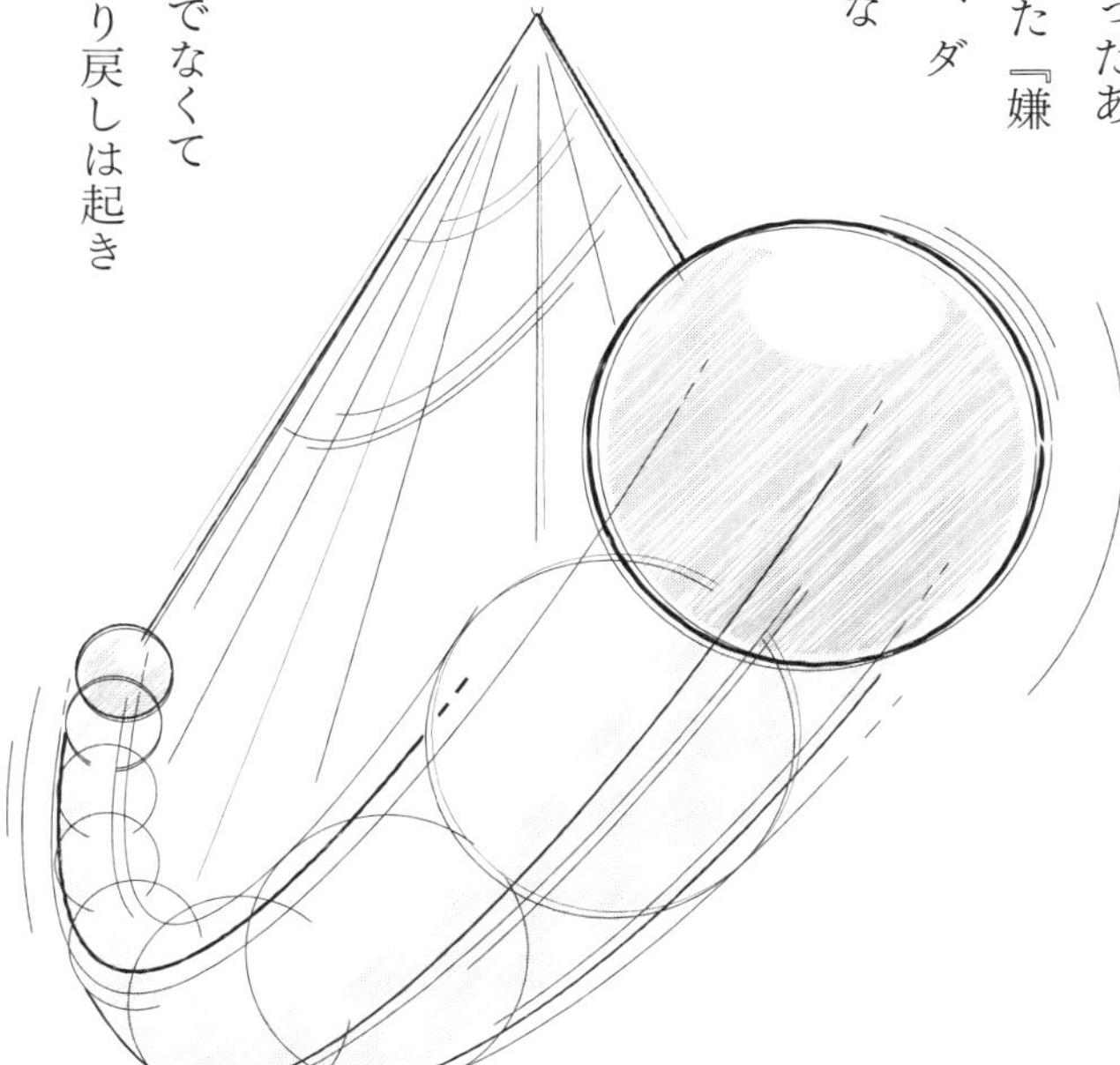

張り」のチャンスなのです。だからこそ、**小さくてもつぶさに揺り戻しの芽を見つけ、逆張りで説明できるネタはないか、あるいは偏っている常識を壊すことができないか、そういったことを考えてみる**のです。

そうすることで、「破壊」の型は必ずすぐに使いこなせるようになるはずです。

それでは続いては、型の6「ニュース」にいきましょう！

即効フレーズ

フレーズ1　前提：「そもそも、……」

フレーム　逆張り：

フレーズ2　「一般的には●●と考えられているのですが、……」

フレーズ3　「普通、●●だと思いませんか？　でも実際には、……」

←

フレーズ4　「なぜなら、……」

フレーズ5　「どうしてかというと、……」

フレーズ6　「事実、○○ということがあったからなんです」

型の6 「ニュース」

「一切なりゆき」1位＝書籍上半期ベストセラー
出版取り次ぎ大手の日本出版販売（日販）とトーハンは31日、今年上半期（2018年11月25日〜19年5月25日）のベストセラーを発表した。共に総合1位は「一切なりゆき」（樹木希林著、文芸春秋）で、昨年12月の発売から累計120万部を発行。「樹木希林　120の遺言」（宝島社）も日販3位、トーハン5位に入るなど、昨年9月に他界した樹木さんの関連書籍が相次ぎ、話題を集めた。
（2019年5月31日、時事ドットコムニュースより）

なぜこの記事をご紹介したのかというと、ニュースだったからです。

今回、ご紹介するのは「ニュース」の型です。**ニュースというものは、多かれ少なかれ、聴く人、読む人の興味・関心を惹きつけるという性質があります。**つまりニュースは、「関心ゾーン」や「関係ゾーン」に移動しやすいということです。

特に、これから説明するネタが聴き手の「知らないゾーン」にある場合、何らかのニュースを抱き合わせで説明に入れると、そのネタを「関心ゾーン」へスムーズに移動させることができるのです。それが、この「ニュース」の型の機能となります（下図）。

ニュースそのものも「新しい情報や知識」の集合体ですので、聴き手にとっては基本的に「知らないゾーン」にあります。**説明しなければならないネタ（メインメッセージ）をこのニュースに上手くくっつけると、そのネタは移動しやすいニュースと一緒に聴き手の「認知の壁」を突破して、いともかんたんに聴き手の「関心ゾーン」にスッと移動することができる**のです。

つまり、ニュースは「認知の壁」を脆《もろ》くして突破しやすくしてくれるのです。

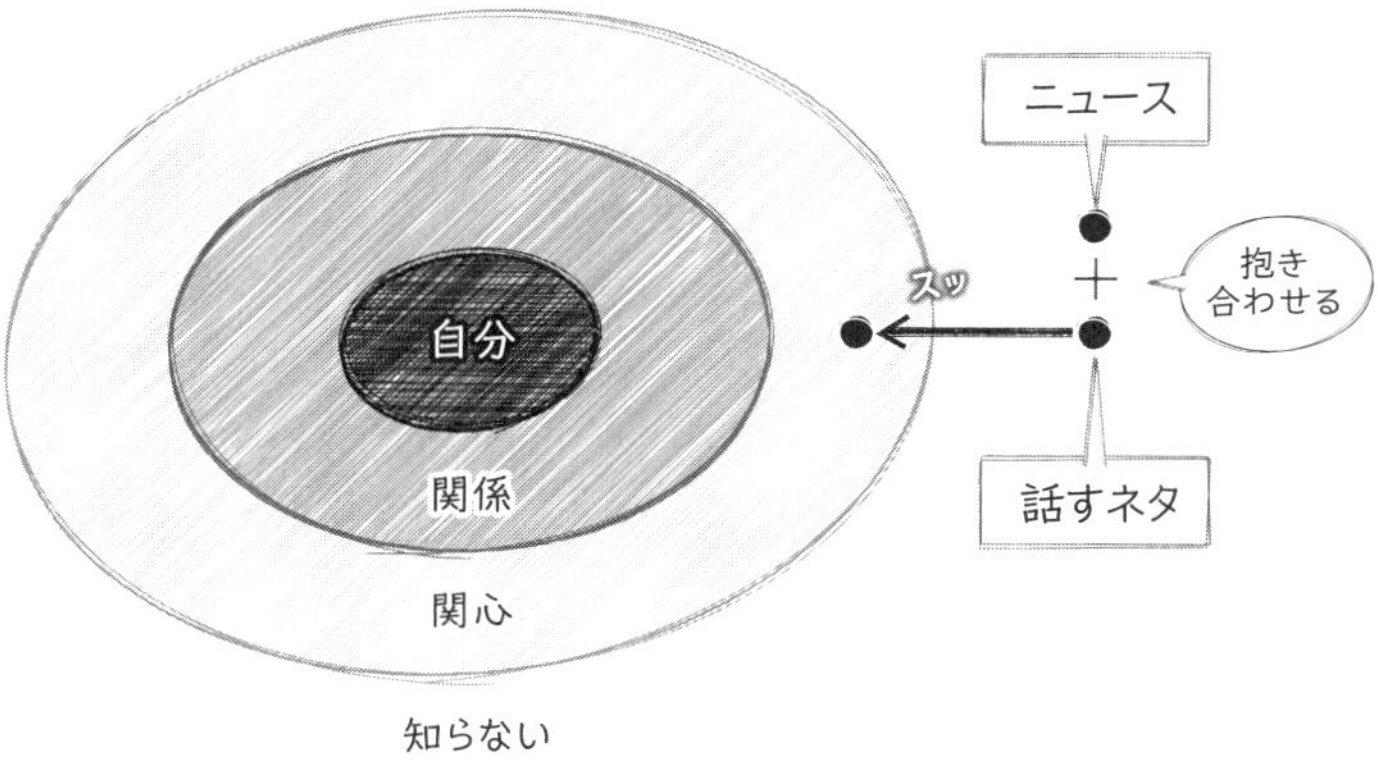

人は元来「新しいもの」好き

私たちは日々、何らかのニュースに触れています。多くの人が、TV番組だけでなくネットニュースも自ら読んだり聴いたりしています。

つまり**聴き手の「知らないゾーン」にある情報や知識であったとしても、それが最新のニュースであるならば、「ニュース」だというだけで、聴き手自らが率先して「関心ゾーン」に引き入れようとしてくれる**のです。

少し話は逸《そ》れますが、より高い機能をもった機種へバージョンアップ（買い替え）したりすることが大好きな人って多いですよね。そういった人たちでなくても、家電量販店で「新商品」というポップに惹きつけられてしまう人は少なくないでしょう。

書籍であれば書店での「新刊コーナー」、アマゾンの「新着マーク」などがありますが、「新しい」ということだけでお客さんの注目を集めようとする仕掛けは、日常生活のいたるところで見られます。これは、「最新」というものに販促効果があることの裏付けだと思っています。

思想家ニーチェにも影響を与えたとされるドイツの哲学者ショウペンハウエルも、自著『読書について』（斎藤忍随訳、岩波文庫）で次のようなことを述べています。

「一般読者は、（中略）新刊書だけを読もうとする（中略）彼らは新刊書でありさえすれば飛びつき、偉大なる精神から生まれた古典は、書架に死蔵しておく」

つまり、大昔からヒトという生き物は、古いものよりも新しい情報や知識に飛びついてしまう傾向があったということですよね。私は、これは人間の習性と言えると思っています。**新しいものに目がないのがヒトの本能**なのです。こういった新しい情報や知識を求める知的好奇心を、心理学用語で「拡散的好奇心」といいます。

ではなぜ、ヒトはニュースに惹かれてしまうのでしょうか。

これは私の仮説ですが、そもそも「最新のニュース」を欲するといった拡散的好奇心は、有史以前よりヒトに本来的に備わっているものだと思います。

私たち人類が狩猟採集で生活していた時代、どこにどんな食料（獲物や植物）があり、どの場所が危険であるかという情報は生死に直結します。

これらの情報を常に最新のものにアップデートし続けることは、生存率を高めることに直接つながります。そういった古代の人々の思考回路が現代も私たちのＤＮＡに強く刻まれ、今に受け継がれているのではないかと私は考えています。

現代人にとっては、最新のニュースを知っておかないと周囲の人たちとの共通の話題についていけなかったり、教養がないと思われてしまったりするのではないかという恐怖心もあるでしょう。

最新の情報を知っていたり、最新版のモノを所持していたりすることは、なんだかカッコいいと思う気持ちもあるかと思います。こういったことを含め、**私たちは最新の情報や知識に大きく関心を寄せる傾向が強い**と言えますよね。

だから、聴き手の「知らないゾーン」にあるであろうネタを説明するときに、この「ニュース」を利用するのです。

いきなりネタから話し始めるのではなく、説明すべきネタ（メインメッセージ）に関連したニュースから始めたほうが、聴き手が能動的に話を聴いてくれる可能性が一気に高まります。

たとえば、以下のようなフレーズを用いるとニュース性を出すことができます。

即効フレーズ 「先週、●●があったのですが、……」

即効フレーズ 「今日、ここに来るときに、●●なことがあったのですが、……」

即効フレーズ 「最新の研究では、……」

このように、説明のつかみでニュース性を演出することで、聴き手をワクワクさせ、前のめりにさせることができるのです。

「ニュース」の型を活用する2つの手法

「ニュース」の型を使うときに大事なルールがあります。それは、**そのニュースを聴く必然性を聴き手に理解させること**です。

つまり、**メインメッセージとそのニュースの間に、必ず関連性がないといけない**ということです。単に、朝の情報番組で流れていた時事ネタを出しても、メインメッセージとのつながりがなければそのニュースを使う意味がありません。

メインメッセージと乖離《かいり》したニュースは、話の流れを断絶させてしまうので、その役割をまっとうできないのです。

乖離が起こってしまうと、ニュースだけは能動的に聴いてもらえたけれど、ネタを聴くときには気持ちも理解度もすべてリセットされるということがよく起こります。

そのため、この「ニュース」の型を説明に用いる場合、ネタとニュースの関連性を理解

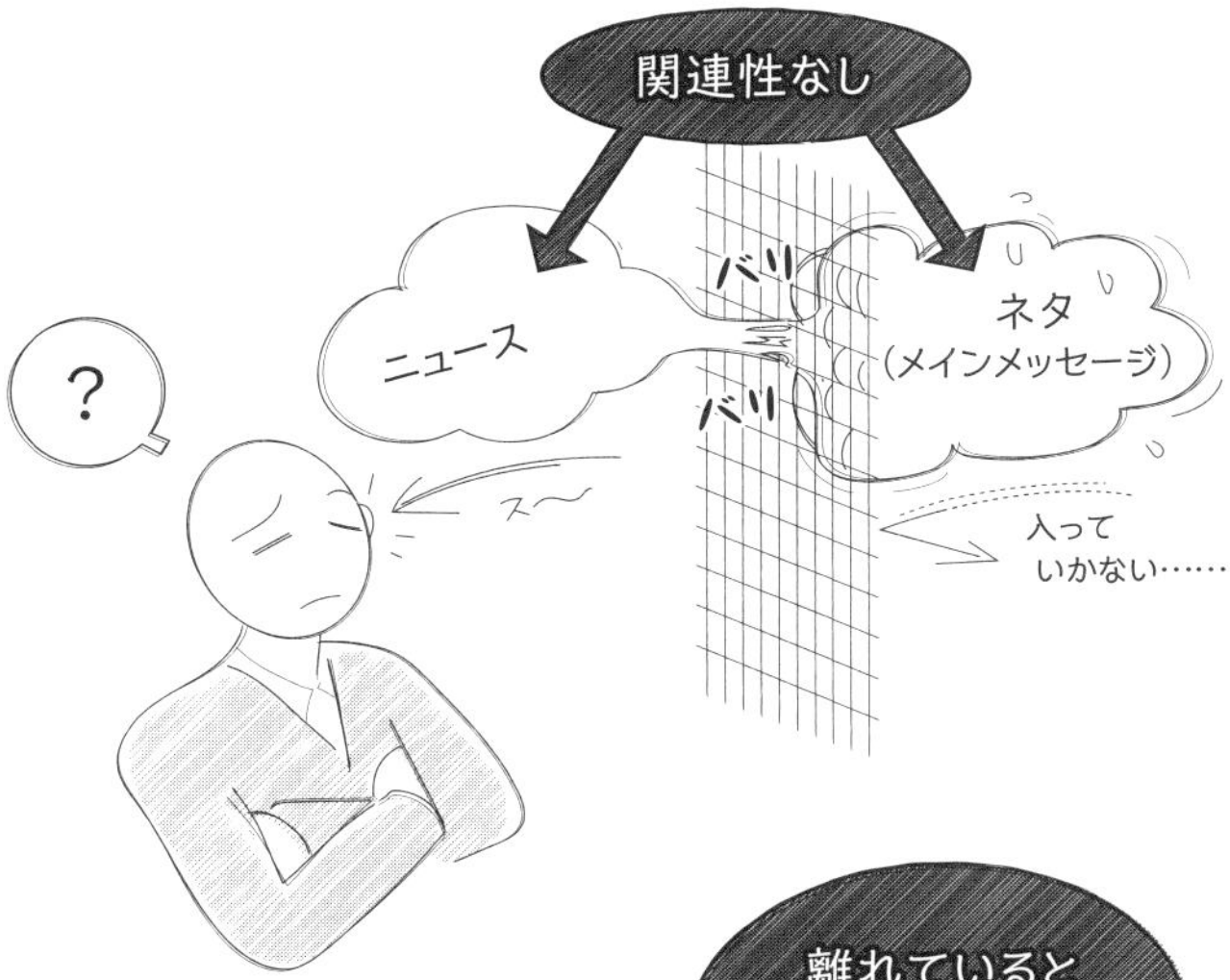
関連性なし
ニュース
ネタ
（メインメッセージ）
バリ
バリ
?
ス〜
入って
いかない……

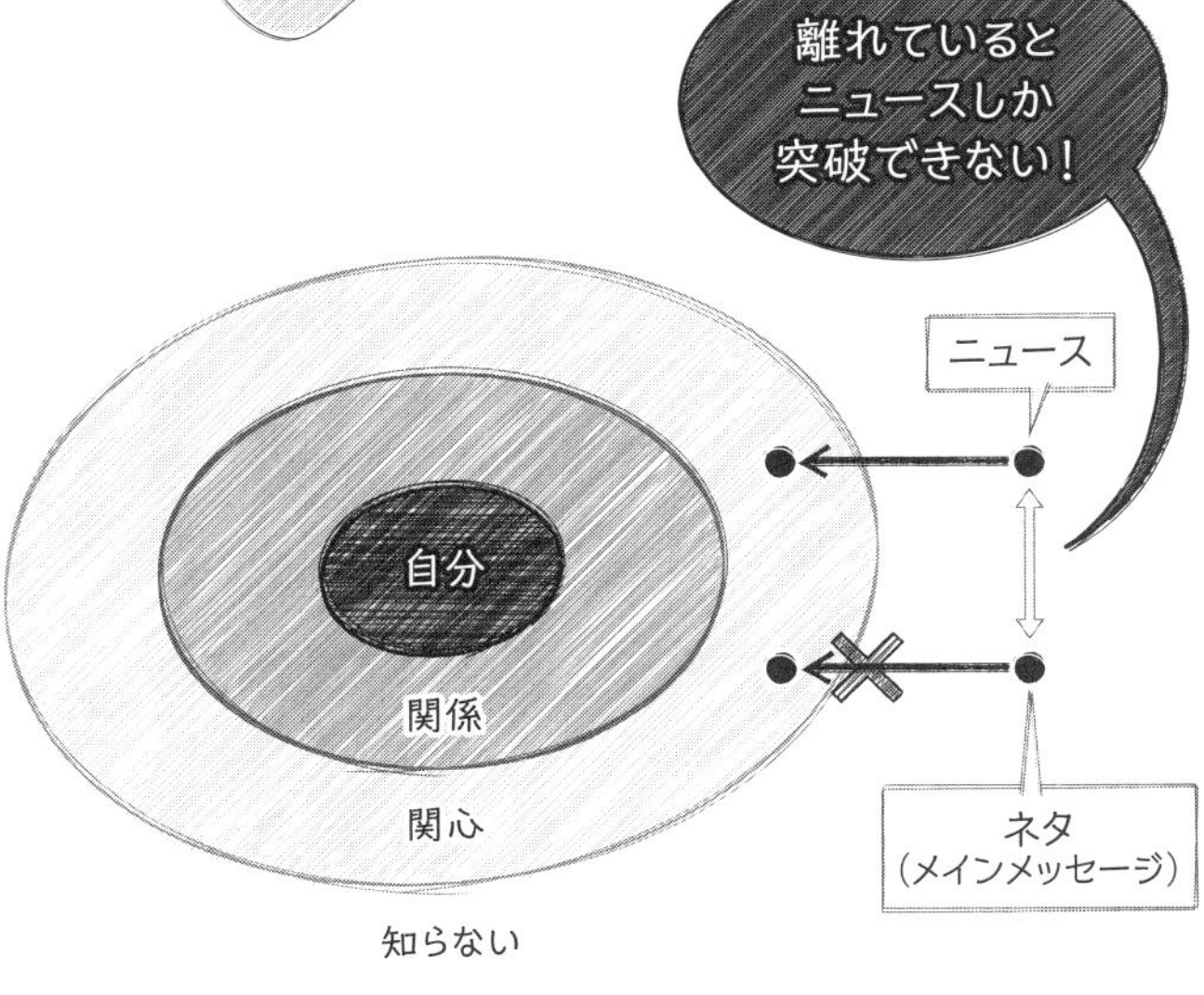
離れていると
ニュースしか
突破できない！
ニュース
自分
関係
関心
ネタ
（メインメッセージ）
知らない

させることを基本ルールにしつつ、次の2つのいずれかの活用法を用いて、ネタをおもしろく説明していくのです。

活用法①　説明すべきネタに直接的に関連した最新ニュースを、インターネット検索や朝の情報番組などで探す

活用法②　説明すべきネタを抽象化しておいて、それを最新ニュースに結びつける

1つずつ解説していく前に、この2つの活用法の違いをもう少し詳しくお話ししておきます。各活用法におけるニュースとネタの関係性は、下図のようになります。

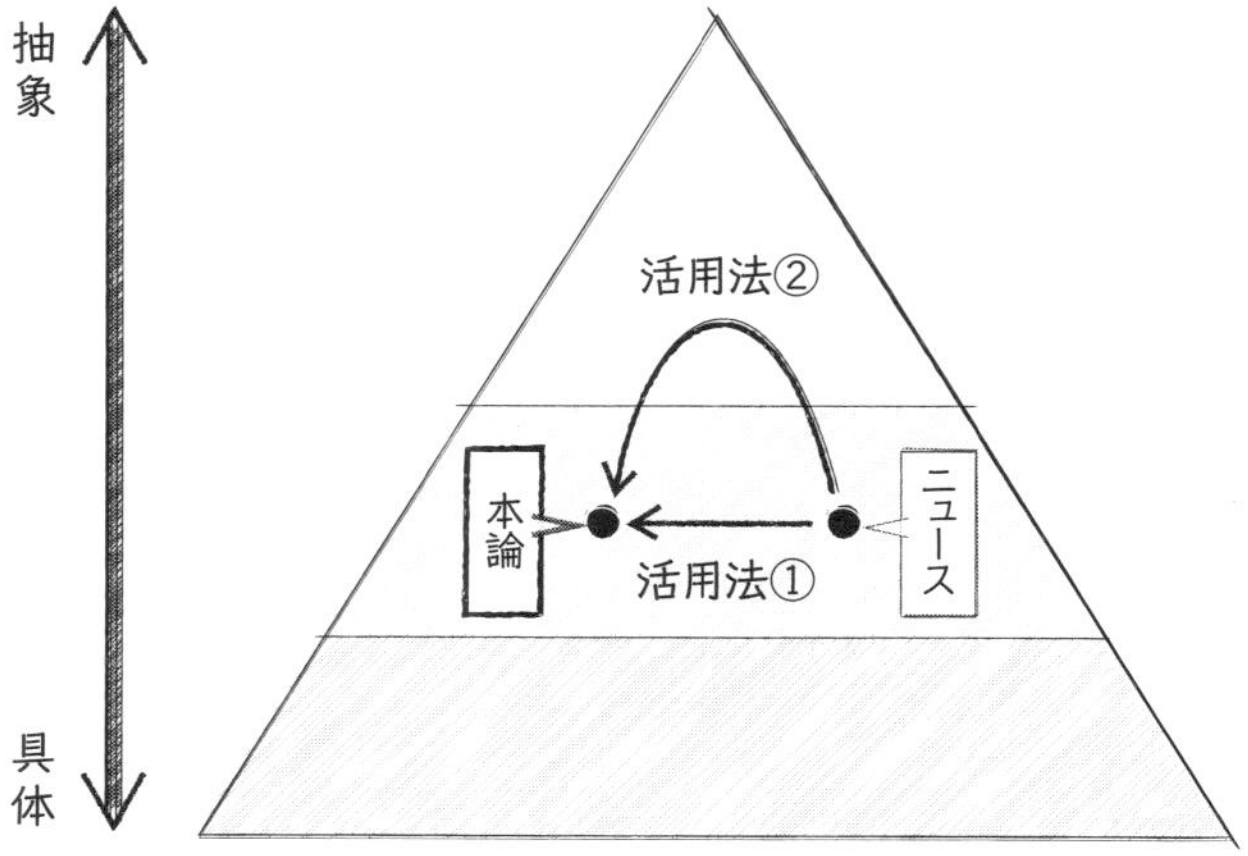

活用法①はネタとニュースに直接的な関係性があるので、使いこなせるまでにそれほど多くの時間はかからないはずです。

一方、活用法②は抽象化でレイヤー（階層）を移動させる手法なので、活用法①に比べて使用する難易度が少し高くなります。

ですので、慣れないうちは、活用法①から使うことをお勧めします。

それでは、さっそく、活用法①から説明していきましょう。

ネタに関する「ニュース」を検索

まず、活用法①「説明すべきネタに直接的に関連した最新ニュースを、インターネット検索や朝の情報番組などで探す」についてです。

たとえば、本項の冒頭のベストセラーに関するニュースは、このパターンで探して入れ込んだものです。このニュースを活用法①で説明に用いる場合は次のように始めます。

「昨年9月に、お亡くなりになった樹木希林さんのご著書が軒並みベストセラーになっていますよね。中でも『一切なりゆき』は今年の上半期の売り上げ1位になり、累計発行部数が120万部を突破したということが最近ニュースになっていました。

近年では芸能人の方が書かれた本は売れないとよく言われていますが、やはり中身がしっかりしているものであればちゃんと売れるのです。本日お話ししたいことは、本の中身に相当するコンテンツのつくり方についてです」

また私は予備校の授業の前には、出勤途中の電車の中でその日の授業内容に関するキーワードを入れて検索します。そこから、教科書やテキストにまだ載っていない大学の研究成果や企業の商品開発の情報を、講義の冒頭などにニュースとして入れ込むのです。

Google検索であれば、「ニュース」というカテゴリーに絞って検索するともっともやりやすいと思います（単にググるだけだと最新ニュースが上位表示されるとは限らないため）。

学術論文であれば、「J-STAGE」などのサイトで新着順にヒットさせることもできます。英語が読める方の場合は、「Google Scholar」などのサイトで海外の研究論文を検索して、話に盛り込むことも効果的です。

即効フレーズ

「今朝のTVニュースで●●（メインメッセージの具体例）を観たのですが、……（そのままメインメッセージにつなげる）」

即効フレーズ

「実は、この●●については、つい先月、アメリカの●●大学の研究機関で実証されたのです」

このようなフレーズで、検索した最新ニュースを冒頭に伝えるのです。

ネタを抽象化すると説明の幅が広がる

続いて、活用法②「説明すべきネタを抽象化しておいて、それを最新ニュースに結びつける」について説明していきます。

たとえば、「説明のスキルアップ」をテーマにした企業研修で、そのテーマに興味・関心がほとんどない受講生の方々に向けた場面を想定します。冒頭のベストセラーに関するニュースを活用して、次のように始めます。

「昨年9月に、お亡くなりになった樹木希林さんのご著書が軒並みベストセラーになっていますよね。中でも『一切なりゆき』は今年の上半期の売り上げ1位になり、累計発行部数が120万部を突破したということが最近ニュースになっていました。
書籍の素晴らしいところは、作者がこの世からいなくなったあとも、その言葉や思想を後世の人に残せることだと思います。
実は〝説明〟というものも、あなたの中にある大切な知識やノウハウを、目の前の相手に残して後世まで伝承することができる素晴らしいスキルなんです」

なかば強引に感じる方もいるかもしれませんね。ただ、ここで私がお伝えしたいことは、ネタが「説明のスキルアップ」なのに、「樹木希林さんの書籍がベストセラー」というニュースを冒頭に入れるだけで、聴き手の「関心ゾーン」にスッと入り込んでいけるということです。

これが、「ニュース」の型の真骨頂なのです。

なお、どう「抽象化」したのかというと、ニュースとメインメッセージをそれぞれ「人に残す」というキーワードで抽象化しました。研修のメインメッセージを「目の前の人にあなたの大切な知識やノウハウなどを残すために、「説明スキルを高めよう」として抽象化します。そして、樹木希林さんのベストセラーというニュースを「書籍は本人が亡くなったあとも後世の人に残るもの」として抽象化することで、メインメッセージとニュースをうまくくっつけることができるのです。

即効フレーズ

「今朝のTVニュースで●●（メインメッセージの抽象につながる）を観たのですが、これは、●●（抽象）という点で……（メインメッセージ）と同じなんです」

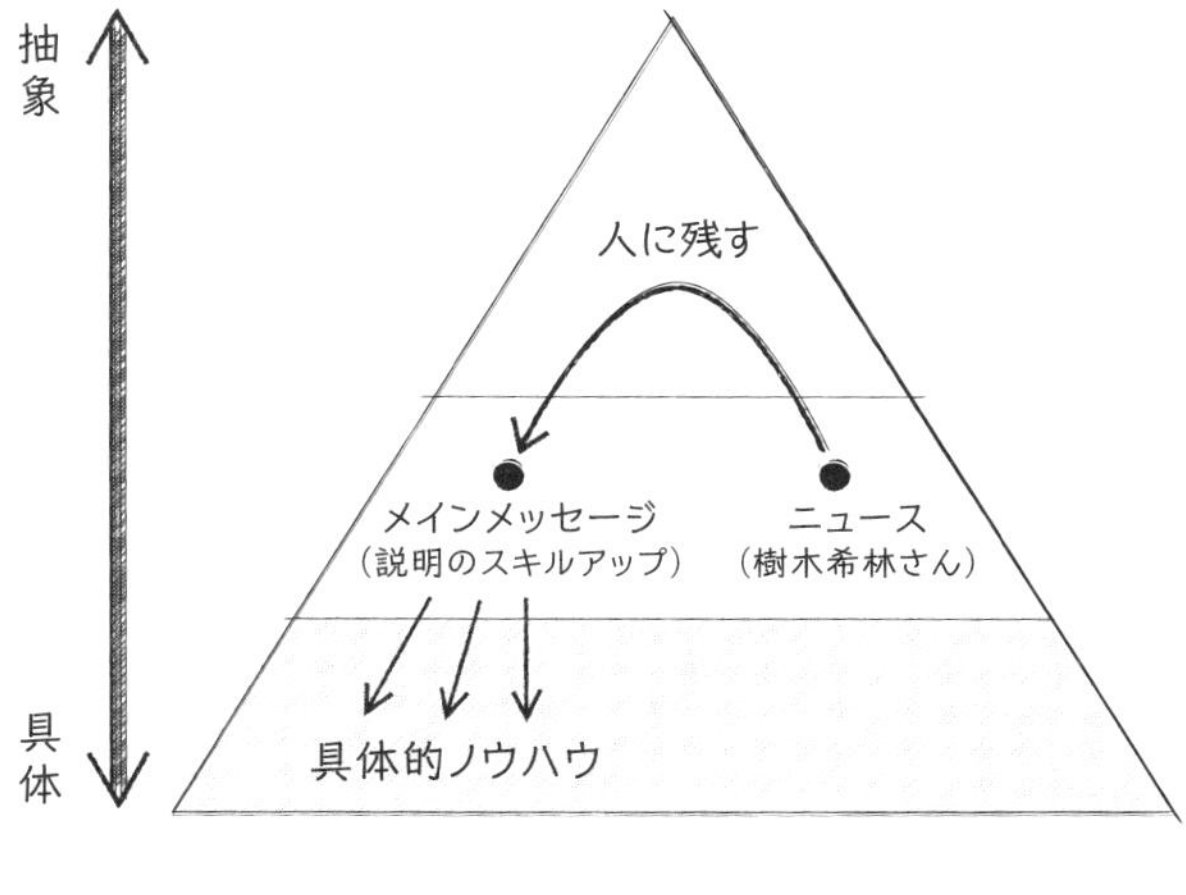

「ニュースの型」の3つの注意点

最後に、この「ニュース」の型を使うときの注意点を3つお話ししておきます。

注意点1　ニュースが「ニュースである」ということを明確に伝える

注意点2　理解に時間を要するニュースは取り上げない

注意点3　ネタがすでに「関係ゾーン」にあるのなら、ニュースは入れない

注意点1からお話ししていきますね。先にもお話ししたように、ニュースの最大の役割は、抱き合わせているネタを「知らないゾーン」から「関心ゾーン」にスムーズに移動させることです。

そのため、取り上げるニュースが「ニュースである」ということを聴き手にしっかりわかってもらう必要があります。**「ニュースである」ことを最初にきちんと伝えておかないと、聴き手は新しいものか古いものかもわからない、ただただ「知らないゾーン」にある**

話をしばらく聴かされていると感じてしまいます。

そうなると、本来、説明すべきネタを聴き手の「関心ゾーン」に移動させるためのハードルが、逆に高くなってしまうのです。

「ニュースである」ということを明確にするために、「今朝」や「昨夜」、あるいは「最新の〜」といった枕詞を必ずつけるようにしてください。**ニュースが「ニュースである」ということをさりげなく、でもしっかりとアピールすることが大切**なのです。

ニュースを選ぶ基準

続いて、注意点2「理解に時間を要するニュースは取り上げない」です。

これは専門家が陥りやすい落とし穴なのですが、前提になる知識やある程度の専門性がないと理解できないニュースを、説明すべきネタに抱き合わせてしまうことがあります。

こういった難易度の高いニュースを提示された場合、聴き手の意識はそのニュースを理解しようとすることに向いてしまいます。その結果、話し手が真に理解してほしいネタ（メインメッセージ）に対する理解が乏しくなります。

話し手側も、そのニュースの解説に時間とエネルギーを割くことになります。聴き手にとって理解のハードルが高いニュースは、聴き手に大きなストレスを与え、おもしろさから確実に遠ざかってしまうのです。

つまり、**抱き合わせるニュースは、気軽に読めるネットニュースのような比較的理解しやすいものを選ぶといい**でしょう。

あくまで説明は最短距離を

最後の注意点3「ネタがすでに『関係ゾーン』にあるのなら、ニュースは入れない」について説明します。

繰り返しになりますが、「ニュース」の型の最大の目的は、ネタ(メインメッセージ)を「知らないゾーン」から「関心ゾーン」にスムーズに移動させることです。

そのため、**ネタがすでに聴き手の「関係ゾーン」にあって、到達目標が「自分ゾーン」である場合、ニュースを話すことで、点の移動が遠回りになる可能性が出てきてしまう**のです(次ページの図)。

よっぽど工夫して話さない限り、聴き手に負担を強いてしまう可能性が高くなってしまいます。ワクワクする向きと逆向きに点を移動させることになるので、聴き手から「話がつまらない」と思われる原因にもなりかねません。もちろん、時間的なロスにもつながってしまいます。

たとえば、企業研修での意識の高い受講生や、自腹を切って参加するようなビジネスセミナーの受講生に対して、「説明のスキルアップ」というテーマを話す場面を想定します。こういった受講生は、すでに「説明のスキルアップが重要」という意識があり、自分自身にも関係することだと理解している人がほとんどです。

にもかかわらず、樹木希林さんの著作が売れ

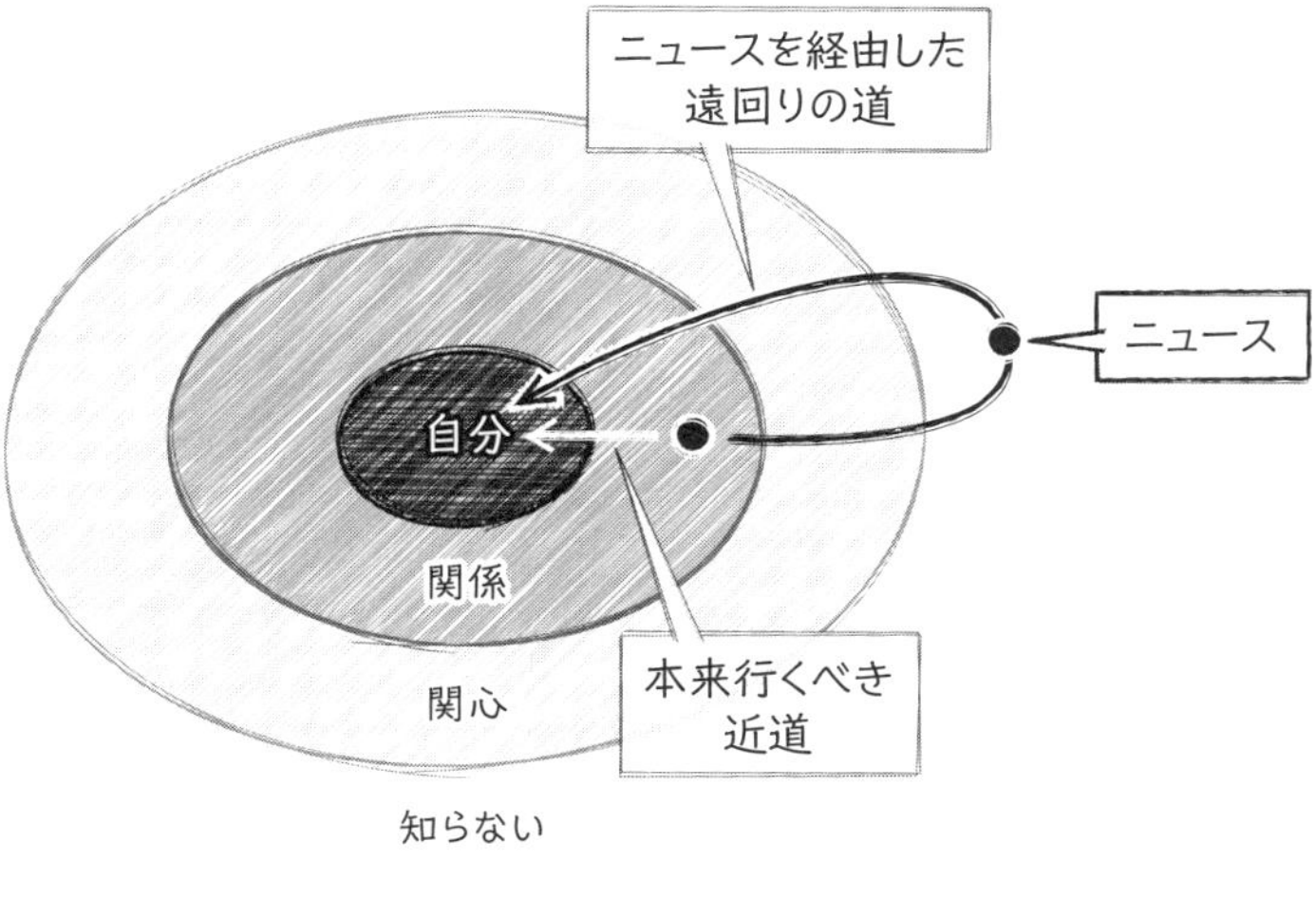

ているというニュースから「説明のスキルアップ」の重要性を説いても、「そんなこと、言われなくても、もうわかってるよ！」と思われかねません。

ですので、すでにネタが聴き手の「関係ゾーン」にあるのなら、すぐさま「自分ゾーン」に移動させるような説明をすべきです。

そのときには、わざわざニュースを抱き合わせる必要はありません。

あくまで目的は、説明で聴き手の心を動かし感動させることです。聴き手のプロファイリングやシチュエーションごとに「型」を使い分けられるように、少しずつ意識していただければと思います。

以上、この3つの注意点を意識しながら、ぜひ「ニュース」の型を使ってみてくださいね。比較的かんたんに使える型の1つなので、短期間で飛躍的に「感動する説明」のスキルが上がるはずです。

そして、日々のニュースのアップデートも欠かさないようにお願いします。

続いては、型の7「希少性」を紹介していきます！

即効フレーズ

フレーズ1 「先週、●●があったのですが、……」

フレーズ2 「今日、ここに来るときに、●●なことがあったのですが、……」

フレーズ3 「最新の研究では、……」

フレーズ4 「今朝のTVニュースで●●（メインメッセージの具体例）を観たのですが、……（そのままメインメッセージにつなげる）」

フレーズ5 「実は、この●●については、つい先月、アメリカの●●大学の研究機関で実証されたのです」

フレーズ6 「今朝のTVニュースで●●（メインメッセージの抽象につながる）を観たのですが、これは、●●（抽象）という点で……（メインメッセージ）と同じなんです」

型の7　「希少性」

「今から説明する問題の解き方って、ほんの一握りの人しか知らないものなんだよね」

今回お話しする型は「希少性」です。「希少」とは、数量が非常に少ないことを指しますが、説明における希少性とはなんでしょうか？

私は、説明の希少性というものを、次のように定義しています。

「希少な説明＝他では聴けないここだけの話や、知っている人が少ない話」

そのネタを話せる人が少ない、限られた人しか教えてもらえない、めったにその話をしないなど、そのネタが希少になる理由はさまざまですが、そのネタ**に接触できる「機会」が非常に少ないことをアピールするのが「希少性」の型**です。

「希少な話」というものは、得てして人の知的好奇心を刺激するもので、聴き手を容易にワクワクさせることができます。

希少性が人の心を動かす「おもしろさ」に直結していることについては、かの世阿弥も『現代語訳 風姿花伝』（水野聡訳、ＰＨＰエディターズ・グループ）の中でこう述べています。

「申楽においても人の心に珍しいと感じられる時、それがすなわち面白いという心なのだ。花、面白い、珍しい。これらは三つの同じ心である」

申楽《さるがく》とは、平安時代に生まれた庶民の娯楽のための芸能で、「狂言」や「能」の前身です。そんな申楽を大成させたのが世阿弥です。

舞台芸能と「話をする」ことには、多少の違いがあるかもしれません。しかし、表現をして聴衆を魅了するといった意味では両者には通ずるところがあり、世阿弥の言葉からも「珍しいということは、人の心を動かすおもしろさがある」といったヒントを得られると私は考えています。

説明の中に希少性を演出するフレーズとは？

それでは、どのように表現すれば、ネタの「希少性」を演出できるのでしょうか？

もっともシンプルな方法は、このように直接的に枕詞をつける話し方です。

即効フレーズ 「ここだけの話ですが、……」

ここで大事なことは、その知識や情報が「本当に希少である」という事実です。

「ここだけの話」と言いながら、自分のＳＮＳなどで公にしていたら、信用はなくなってしまいますよね。二度とその人の話を真剣に聴こうとは思わなくなってしまいます。

あるいは、次のようなフレーズを使って、希少であることを数値で暗に示す方法も効果的です。

即効フレーズ

「日本人の0・3％しか知らないことなんですが、……」

さらに、「禁止事項」として表現する方法もあります。

即効フレーズ

「これからする話は広まるとまずいので、他では絶対に言わないでくださいね」

まだ外部に出回っていない希少なネタであること、あるいは外部の人に知れ渡るとリスキーなネタであると匂わせることも、「希少性」を演出する手法の1つです。

質問で「希少性」を知らしめる

聴衆に質問することで、その話の希少性を暗に示す方法もあります。たとえば、講演や研修といった複数人数がいる場で、このように質問します。

即効フレーズ ▶「●●を知っている方、手を挙げていただいてもいいですか？」

手を挙げる人が少ないことは承知の上で、あえて全体に向かって質問を投げかけます。

そして、「あっ、知っている人がほとんどいないぞ」ということを、聴衆全体に知らしめることで、希少性をアピールすることができます（下図）。

希少性があるネタということがわかるだけで、聴き手は自分のものとしたくなります。

つまり、「自分ゾーン」に移動させたいという強い欲求に駆られるのです。

聴き手たち
誰も手を挙げてないな……
キョロ
キョロ
○○を知っている方、手を挙げていただいてもいいですか？
話し手

「希少性」が聴き手をワクワクさせる2つの理由

ところで、ネタに「希少性」をもたせると、聴き手の知的好奇心を刺激してワクワクしてもらえるのは、なぜなのでしょうか？

「希少性」が人の心を動かす理由を、アメリカの社会学の権威であるロバート・B・チャルディーニは自著『影響力の武器』（誠信書房）で、次のように説明しています（原文のままではなく、著者が意訳）。

理由1 **手に入れにくいものはそれだけ貴重なものであることが多いので、ある商品や経験が入手しやすいかどうかが、そのものの品質を見極める手っ取り早い手がかりとなるから**

理由2 **ある商品やサービスが手に入りにくくなるとき、私たちは「自由を失ってしまった」と感じるから。この場合、私たちは失う前よりも自由を欲して、自由の喪失に対して反応するため**

これらがどういうことか、補足説明を加えますね。

情報過多の現代では、1つひとつの情報の価値や良し悪しを判断するのは容易ではありません。そんななか私たちは、ある情報が入手しにくかった場合、それだけで「その情報は貴重である」と判断してしまいがちです。つまり、**「希少であるかどうか」が話のネタの良し悪しを決める判断基準になってしまう**、ということです。

また、「そのネタがもう聴けなくなってしまう可能性がある」と知ったとき、私たちは自由を失ってしまうと感じるのです。このとき、**私たちはネタの希少性を知らされる前に比べ、自由を取り戻したい気持ちが湧き、そのネタを強く欲してしまう**のです。

ここに付け加えるならば、希少なネタは、それを知るだけで「優越感」を得ることができます。聴き手は希少な話を聴いただけで、その情報をまだ知らない人たちよりも情報面で優位に立つことができるからです。**「この希少な情報を手に入れたら、他の人よりも優位に立てるかもしれない」という気持ちも、聴き手のワクワク感をかきたてる源になっている**と私は考えています。

話し手にとって大切なことは、ネタが希少であるということを、言葉でしっかり表現することです。

しかし、これがそうかんたんにはいかないのです。なぜかというと、**希少性というのは、そもそも「自分では気づきにくい」という性質がある**からです。

なぜ、希少性に気づきにくいのか？

「ある業界やある職種で常識とされていること」には希少性が潜んでいることが多々あります。特に閉鎖的で、かつその業界の人数が少なく、その業界での人の出入りが少ない場合、外に情報が出ることは少なく、希少性は一気に高まります。

難しいのは、その業界にどっぷり浸《つ》かっている本人は、あまりにも常識だと思ってしまっているがゆえに、それを希少なものだと自覚しにくいことです。希少というのは、外の世界と比べたときに初めて「希少」だと気づけるものなのです。

たとえば、予備校業界の給与システムです。

「予備校講師のギャラというのは、月給であることはほとんどありません。多くの予備校講師は、1年間での業務委託契約であり、さらに年俸でも時給でもなくコマ給（または分給）というもので決められていることがほとんどです。

これは、予備校講師の仕事は1時間（60分）単位ではなく、コマ単位であるからです。受け持つクラスによっては、その1コマの時間が50分だったり80分だったり、場合によっては120分だったりするのです。

また、授業を映像に収めて販売する場合、買取契約や印税契約を結んで、コマ給以外に収入を得られる場合もあります」


いずれにしても通常の会社員のように月給制でもなければ、定期的なボーナスも出ませんし、基本、退職金もありません。

このネタは塾・予備校業界では当たり前の話なのですが、以前、学校教員をしている友人に説明してみたところ、とてもおもしろがってくれました。

もちろん、このあまり表に出てこない予備校講師という仕事の給与システムに興味・関心を示してくれるのは、企業の人事の方やキャリアコンサルタントの方、あるいは私の友人のように同じ教育業界の人たちくらいでしょう。

一番興味をもって聴いてくれるのは、いずれ予備校講師になろうと考えている人たちでしょうね。その人であれば、直接関係するので、「関係ゾーン」まで話のネタを移動させることはかんたんにできます。

いずれにしても、聴き手の心を動かそうと思ったら、自分がこれから話そうとしているネタにまず希少性を見つけることが大切なのです。

それでは、自分の説明の中に、希少性をどうやって見つけていけばいいのでしょうか？

「自分の常識」に気づくための2ステップ

ここで、ぜひ覚えておいていただきたいことがあります。ここまで読んでいただいた方はすでにお気づきかもしれませんが、**自分にとっての「常識」が、実は希少性の高いネタである可能性が大きい**のです。

こうした「業界・職種特有の常識」を、希少性のあるネタとして伝わるように説明していく場合には、以下のようなフレーズを使うと効果的です。

即効フレーズ「私たちの仕事では当たり前のことではあるのですが、……」

即効フレーズ「業界外ではあまり知られていない話なのですが、……」

そして、その常識が希少かどうかをチェックして知るためには、次の2ステップを行っていけばいいのです。

Step 1　業界や職種の歴史・仕組みを知る

Step 2　他業界・異業種の人たちと接点をもって、話してみる

まずStep 1は、自分がいる業界やつとめている職種の歴史や仕組みを調べてみるということです。歴史が長ければ長いほど、その業界・職種の特有の知識や情報の蓄積が必ずあるはずです。

大事なことは、改めて調べ直してみることです。「うちの会社の創業はいつだ?」「創始者は誰だ?」「元々はどんな商売をやっていたんだ?」——知っているようで知らない自社のことや、あるいは業界の暗黙のルールやあるあるネタでもじゅうぶんです。

たとえば、予備校講師であれば、やたらチョークの種類にこだわる人がいたり、My指し棒やMyピンマイクを持ち歩く人なんかもいます（私も含めてですが）。

あとは、予備校は通常、4月から翌年1月までがとても忙しいので、2、3月にびっくりするくらいの長期休暇をフツーにもらえます。私は、4月から翌年1月まで1日も休まず働いて、2月中旬から3月上旬に丸ごと休みをもらっていました。そんな働き方は私の中では当たり前でしたが、学生時代の友人などに話すと、非常に珍しがられます。

斜陽産業などには、絶対にギャップを感じられるおもしろネタがあるはずです。なぜなら、浮き沈みがあったぶん、たとえば業績が良かったときと悪かったときの経費の使い方などは時代によってまったく異なるはずだからです。

景気が良かったときは、社員旅行が海外だったり、みんなで歌舞伎を観に行ったり。タクシー移動も経費で落ちたのが、景気が悪くなってくると、そういったものがすべてカットされる上に、折れたチョークすらも黒板に書けなくなるほど短くなるまで使いまわさなくちゃいけない……なんてこともたくさん出てくるはずです（苦笑）。

とにもかくにも、業績を伸ばしていっているとき、業績が最高潮のとき、そして沈み始めたとき……といったように時系列で眺めていくのです。

そうすると、各ステージには必ず希少でおもしろいネタが見えてくるはずです。培《つちか》われた知識やノウハウだけでなく、働いている人の人間ドラマなども含めてです。業界の常識、職種の常識というのはこういったステージを経《へ》ながらつくられていくのです。

具体的な社名はあえて出しませんが、最近でいえば、業績不振で話題となっている大手電機メーカーや証券会社などは、ある意味で〝希少な常識〟の宝庫のはずです。

自分がこれから説明しようと思っている「業界の常識」は、これらのような歴史的背景から生まれている可能性も往々にしてあるのです。ですので、まずはそういった歴史や仕組みを調べてみることです。

比べることで「希少」が見つかる

次に、Step2「他業界・異業種の人たちと接点をもって、話してみる」にいきます。これは、型の2「対比」の応用ともいえます。

話す内容（ネタ）に希少性があるかどうかは、相対比較で決まります。相対比較というのは、たとえば海沿いの県では魚介類は当たり前のように手に入りますが、内陸では流通の都合上、魚介類は足が早く、希少となるといったことです。

逆もまた然《しか》りで、漁村では手に入らないような珍しい山菜が、山あいの村ではかんたんに手に入ったりします。これは、他県どうしとか村どうしで比べてみないとわからないことですよね。

つまり、**希少性というのは相対比較をすることで初めて明確になる**ものなのです。

たとえば、その業種特有のスキルは、業界内では当たり前でも、他業種の人からすれば喉《のど》から手が出るほど欲しいネタだったりします。

それなのに、いつも同じ業種や職種の人たちと一緒に過ごしていたら、周りがみな同じ常識を持っているので、そのスキルが「希少」だということに気づきにくいのです。異業種の人たちと接点をもって初めて比較ができ、自分のもっているネタの希少性に気づくことができます。

自分たちが普段当たり前のように使っているスキル、たとえば広告代理店の方であれば、企画書作成・プレゼン・ゴリゴリの営業・プロジェクトを仕切るノウハウなどだと思いますが、それらは他の業界の人たちからみるととてつもなく希少なネタです。

そのため、そういったノウハウを他の業界の人たちに向けて説明する機会があれば、以下のようなフレーズで聴き手に「希少性」を感じさせてください。

即効フレーズ

「私たちの業界では珍しいことではないのですが、他の業界の人にお話しすると、とても喜んでいただけるノウハウがあるのです。そのノウハウというのが、……」

この言葉を頭に入れるだけで、聴き手の知りたい欲求を刺激することができるのです。

第2章の大原則でもお話ししたように、聴き手のプロファイリングから相手の知識や知りたいことを推測することができます。その**プロファイリング情報をもとに、相手にとって「希少性」の高いネタをあらかじめ取りそろえておく**という方法も効果的です。

「今回の聴き手の皆さんの普段の仕事は営業職だ。マーケティングで使う最新の分析手法は、これからの営業活動でも役立つ。だから、きっと珍重《ちんちょう》されるに違いない」

このようにプロファイリング情報をもとに、聴き手にとって「希少性」の高いネタを絞り込んでおくと、高い精度で聴き手を惹きつけることができます。

なお、**聴き手のプロファイリングを怠ると、自分が希少だと思っていたことが、聴き手にはまったく希少性を感じさせなかったということも起こり得ます。**希少性の高い説明で相手の心を動かすためにも、聴き手のプロファイリングは必要不可欠ですね。

希少性のある説明ができない人はいない

このようなビジネスシーンでの事例を使って私がセミナーなどでお話をしていると、

「私の仕事、全然、希少でも何でもないんだけど……。フツーの仕事しかやってないし。その場合、どうしたらいいんだろう……」

そんなふうに言われる方がたくさんいらっしゃいます。でも、それは自分を過小評価しています。べつにネタは仕事に関することでなくてもよいのです。

希少性のある説明ができない人などいないと私は考えています。

なぜかというと、**その人が「経験してきたこと」は、多かれ少なかれ希少性がある**からです。極端な話、その人の経験の集積は人類70億人の中で必ずオンリーワンのネタです。まったく同じ経験をしている人が、この世の中にはいないからです。それは、仕事などの経験が浅くてもいえることです。

希少なネタをもっていないのではなくて、希少なネタをもっていることに本人が気づいていないだけなのです。

たとえば、私が主催するセミナーの受講生に、Mさんという方がいます。彼女は旅行が趣味で、これまでさまざまな国へ旅行に行ったそうです。

そんな彼女が40年前にとある発展途上国に出かけたときのことです。高級ホテルを堪能するだけでなく、現地の生活も知りたいという理由で、強盗に襲われる危険を冒してまで、その国のスラム街を歩いて回ったそうです。

私からお願いしてそこでの経験をプレゼンしてもらったのですが、その時代の現地特有の生々しい情報ばかりで、非常にワクワクしました。

私は彼女の経験（ネタ）を非常におもしろいと思いましたが、本人はまったくそう思っていなかったようでした。これは、ひどくもったいないなと感じたものです。

日本からの直行便のない国で、しかもスラム街であれば、情報の希少性は間違いなく高いはずです。それでも本人にとっては「ただの趣味の一環」にすぎず、価値あるおもしろい経験だとはまったく気づいていなかったのです。

繰り返しになりますが、第2章の大原則は「話の内容がおもしろいかどうかは相手が決めるものと心得る」です。自分が行ったプレゼンや説明がおもしろいかどうかは、すべて聴き手が決めることなのです。

ですので、**ご紹介しているフレーズを使いながら話のネタを小出しにし、聴き手が希少と感じてくれていそうかどうかを確かめながら、説明を進めていくこと**をお勧めします。

確かめる方法としては、相手の表情で「へ〜」のような表情があれば当たりだと思って間違いありませんし、どストレートに、248ページのような「即効フレーズ」の質問をしてもよいかと思います。

説明の希少性を高める2つの裏技

最後に、希少性を高めるとっておきの裏技を2つご紹介しましょう。先ほどもご紹介した『影響力の武器』を参考にして、私がフレーム化したものが次の2つです。

裏技1　競争相手のせいで、この話が聴けなくなってしまうことを醸し出す

裏技2　型の6「ニュース」とセットにする

裏技1は、「聴き手に競争を意識させると、希少性を感じる度合いが高まる」という原理を利用しています。

私はビンテージの古着が大好きで、時間があれば下北沢や高円寺の古着屋さんに足を運びます。その中でも、行きつけの古着屋の店長さんがこんなふうに言うのです。

「そのLevi'sのXX（ダブルエックス）、昨日いらっしゃったお客さんも気に入ってらっしゃいましたよ」

こう言われると、「ちょっとムリしてでも、このデニムを買いたい！」――そんな衝動に駆られてしまうものです。

説明の場合も同じです。**他の人が聴くことで自分が話を聴く機会を失ってしまうシチュエーションを示されると、人は「その話は何がなんでも聴きたい！」と思うもの**です。たとえば、セミナーや講演会などでの〝定員〟や〝人数制限〟は同様の効果を発揮します。

「来月開催のセミナー、残席がわずか1席のみとなりました。そこでしか話せないとっておきのネタをご用意しています。参加される方は、ぜひ楽しみにしていてください」

このように伝えると、「競争相手のせいで残席が埋まってしまって、その話を聴けなくなってしまうかもしれない」と思ってしまうのです。

その結果、**聴き手は、「その（聴けなくなる）事態はなにがなんでも避けたい……」という心理になり、その話をより「希少」で聴きたいものだと感じてくれる**のです。

当たり前ですが、残席が少ないことも競合が存在することも、それが「希少だ」という情報は言わないことには伝わりません。「希少性」を感じとってもらうだけで聴き手を惹きつけることができるならば、積極的に言っておくにこしたことはないのです。

「これからは限定」がより希少

続いて裏技2「型の6『ニュース』とセットにする」です。

これは、「それまで制限されていなかったけれど、これから制限されるものに人はより希少性を感じる」という原理を利用しています。

つまり、「これまではいつでも聴けた話だけど、これからは聴けなくなる可能性がある」というニ

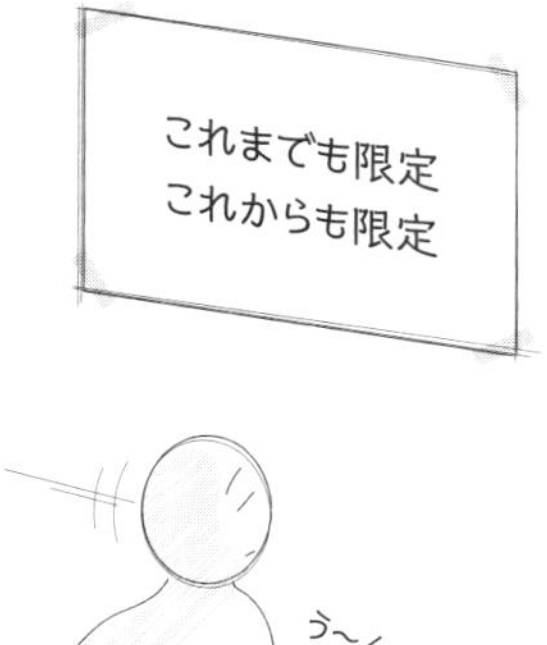

ュース性を示すことで、より一層、希少性を高める手法です。

ここでは、**「これまでも限定で、これからもその限定が続く」ということよりも、「これまで限定ではなかったけど、これからは限定になってしまう」ことのほうが人は希少性を感じてしまう**ということを利用します。

たとえば、次のようなフレーズを使ってみてください。

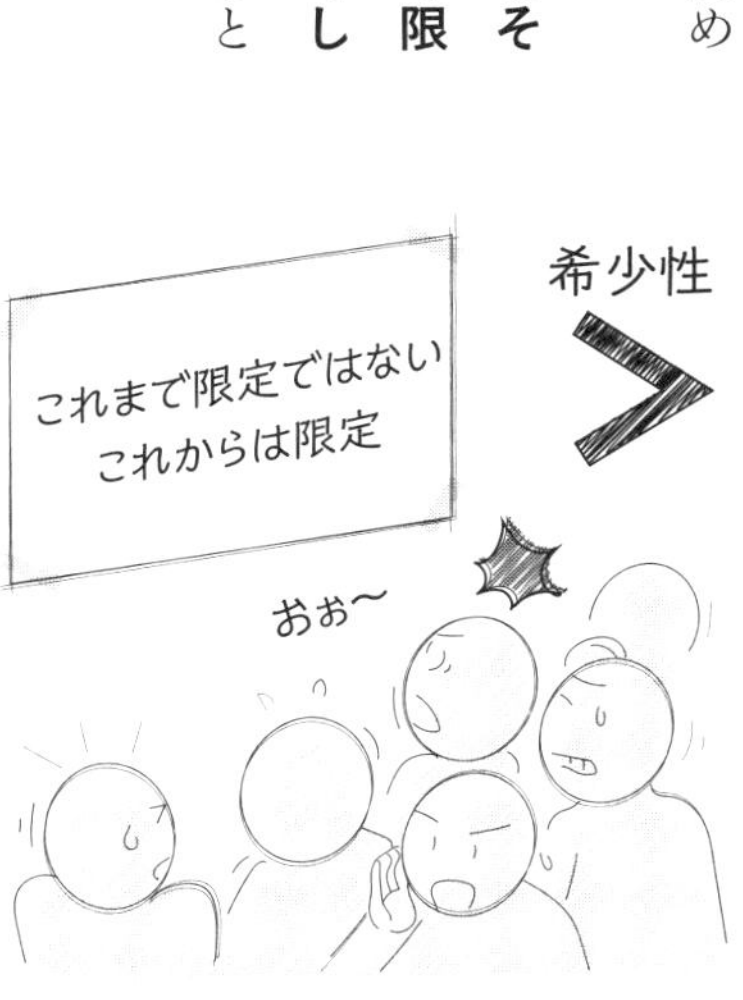

即効フレーズ

「これまでは一般公開してきた話なのですが、今後は一般公開をやめて、一部の人にしかお話ししないつもりです」

このように一言添えるだけで、聴き手に「近い将来、聴けなくなってしまうのなら、今のうちに！」と思わせることができるのです。

ただし、繰り返しにはなりますが、ここにウソがあると信用をなくしてしまいます。バレないと思っていても、ＳＮＳが発達している現代では比較的かんたんにバレてしまいますからね。

信用をなくしたあとは、ウソをついたことも一気に広まってしまいます。ですので、**希少性をアピールする際は、誠実さを絶対に忘れないように**してくださいね。

希少性をうまく演出することで、聴き手の期待感を高めて、ぜひワクワク感をつくりだしてください。

それでは最後の型「欠如アピール」にいきましょう。

即効フレーズ

フレーズ1 「ここだけの話ですが、……」

フレーズ2 「日本人の0・3%しか知らないことなんですが、……」

フレーズ3 「これからする話は広まるとまずいので、他では絶対に言わないでくださいね」

フレーズ4 「●●を知っている方、手を挙げていただいてもいいですか?」

フレーズ5 「私たちの仕事では当たり前のことではあるのですが、……」

フレーズ6 「業界外ではあまり知られていない話なのですが、……」

フレーズ7 「私たちの業界では珍しいことではないのですが、他の業界の人にお話しすると、とても喜んでいただけるノウハウがあるのです。そのノウハウというのが、……」

フレーズ8 「これまでは一般公開してきた話なのですが、今後は一般公開をやめて、一部の人にしかお話ししないつもりです」

型の8　「欠如アピール」

「感動する説明の型は全部で8つあります。これまで7つの型を紹介してきました。そして、まだお話しできていない最後の1つが、この『欠如アピール』の型です」

最後にお話ししていく**「欠如アピール」の型**とは、**「今、あなたの情報は不足しているんだよ」ということをアピールすることで、ネタに対する聴き手の「ほしい欲」をかき立てる型**となります。

人は「足りていない」と気づいたときに、「埋めなくちゃ」という感情が湧くものです。この型は、そうした心理原則を利用しています。

埋めなくちゃ！
ああ……
心に穴が……
あいてるような……
はっ！
ポッカリ

この型は、とてつもなくパワフルで、「知らないゾーン」から「自分ゾーン」にまでネタを一気に移動させることができます。聴き手に対して、壁にあるほころびや、すでに空いている小さな穴を指摘し、一気に突破を図るイメージです（下図）。

そのため、聴き手の感動は、とてつもなく大きいものとなります。

それでは、この「欠如アピール」の型はどのように使っていったらいいのでしょうか？

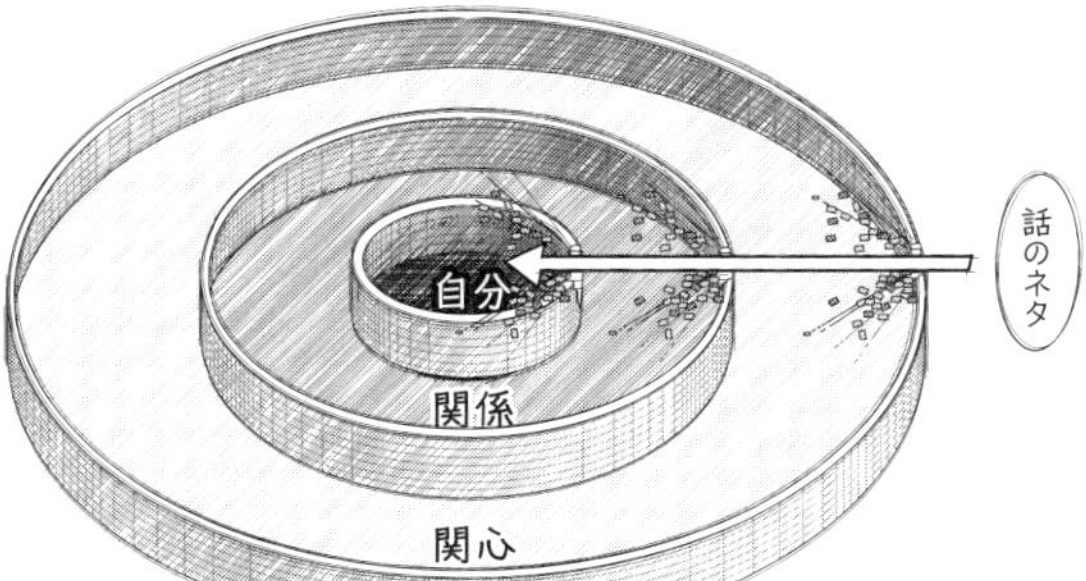

第3章

「欠如」をアピールする3ステップ

この型は、次のようなステップを踏むことで、効果を最大限に発揮することができます。

Step1 「不足」に気づいてもらうために、全体のフレームを示す

Step2 その「不足」を、話し手は補うことができると伝える

Step3 「不足」を埋める情報や知識を伝える

たとえば、次のように説明していくといいでしょう。

「実は、皆さんが現段階で知っている『感動する説明』の大原則は、全部で3つある視点のうちの2つだけなのです（Step1）。

残りの1つの視点は、まだ話していません。ただ、とても大切な視点なので、これからお話ししていきますね（Step2）。

その3つ目の視点というのは……（Step3）」

大切なのは、Step1で**「全部で3つある」**といった**「フレーム」をまず先に示すこと**なのです。全体のフレーム（枠組み）を示しておかないと、そのあとのStep2で話し手がその不足を補えることを伝えたときに、**聴き手は自分が「知らない」ことには気づくことができても、それが「満たされていない」ことには気づくことができない**のです。

この2つのステップをきちんと踏むことにより、聴き手は自身の情報や知識が不足している状態であることを初めて理解できるのです。

最後のStep3では、Step2で気づかせた聴き手の「不足」を埋める情報や知識を説明していくのです。この**「不足」を埋める情報や知識が聴き手にとって未知のもの、つまり、「知らないゾーン」にあればあるほど、その後の説明のインパクトは強くなります。**

この手順を踏むことで、欠けていた最後の1つを手に入れられ、そのパズルのピースがバチッとハマるような感覚を聴き手にもたせることができるのです。

なお、この**欠如をアピールする3ステップを進めるコツは、急がない、慌てないこと**です。聴き手をじっくり焦《じ》らす感じにすると、より効果的です。**聴き手の「知りたい欲求」がピークに達するまで、欠如を埋める「最後の1ネタ」はお預け状態にしておく**のです。

ピースの準備を欠かさない

先にもお話ししたように、この「欠如アピール」の型は、パズルの最後の1ピースを埋める瞬間に似た快感を聴き手に与えることができます。

単に相手にパズルのピースを1つ与えるよりも、そのパズルのピースが「最後の1つ」であるということを、あらかじめ聴き手に理解させておくことで大きな効果を発揮します。そのピースの価値が跳ね上がって、そのピースをはめた瞬間に聴き手のワクワク感はピークに達するのです。

なお、この型は、**「そろえたい」というある種のコンプリート願望が強い聴き手ほど、より大きな効果を発揮します。**実は、大学受験の指導において、「受験生」という立場はかなりコンプリート願望が強くなりやすい立場だと私は分析しています。

なぜなら、受験生は情報や知識が「欠如」した状態のまま入試本番を迎えてしまうと、失点のリスクが高まるからです。そのため、受験生は「情報や知識をそろえないと（コンプリートしないと）、大学に落ちてしまうかも……」という危機感を覚えたり強迫観念にとらわれたりするのです。これは大学受験に限らず、資格試験や免許取得のために勉強している人にも当てはまります。

つまり、この「欠如アピール」の型は見方を変えると、「恐怖訴求」のテクニックの一種であるとも言えるのです。「恐怖訴求」とは、不安や恐怖を刺激して聴き手の関心をひいた上で、その軽減策や解決策を提示するものです。

この型は「足りていない」ことに対する恐怖心を意図的に煽《あお》ることができます。そのため、場合によっては、聴き手は冷静な判断ができなくなることもあります。だからこそ、この型は悪用厳禁です。

ここでお伝えしたいのは、この型を使って煽ることの是非ではなく、**たとえ煽ったとしても、煽動《せんどう》した先に、聴き手にとって役立つネタが用意されているかどうかが大事**だということです。

聴き手のためになるネタがないのなら、相手からお金を巻き上げるだけの怪しい情報起業家のセミナーや悪徳サイトのようになってしまいます。

だからこそ、話し手というのは、倫理観を養うことが必要ですし、聴き手の「欠如」を埋めるネタが「本当に相手の役に立つのか？」ということを徹底的に考える必要があると思っています。

また、この型は、「欠けている最後のピースを埋められる！」という聴き手のワクワク感をかき消さないような「ピースの選択」が大事になってきます。**聴き手の「欠如」をストレスなくきっちり埋められるネタを用意できたときだけ使ってほしい**と思っています。

欠如アピールのビジュアル化

なお、「欠如アピール」の型はビジュアル化して使うこともできます。

どう使うかというと、何らかのビジュアルの中に意図的に「空欄《くうらん》（空所）」をつくって、聴き手に「欠如」をアピールするのです。たとえば、化学の説明で、

「現在使われている元素の周期表の原型をつくったのは、メンデレーエフです」

この情報をそのまま話しても、聴き手におもしろみを感じさせるのは難しいと思います。ですので、次ページの図のように、黒板やホワイトボードを使って、情報に欠如をつくる

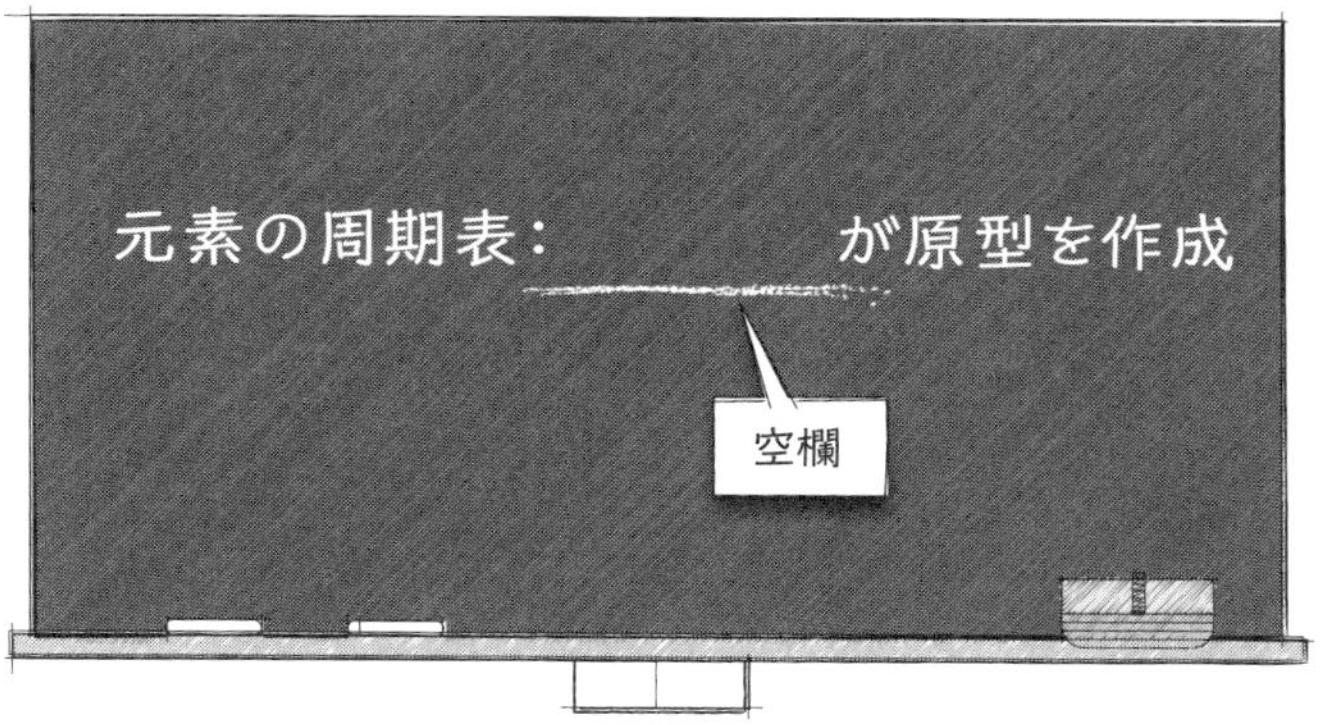

のです。

「さて、この空欄に当てはまる人物は誰でしょうか？」

こう生徒（聴き手）に投げかけたほうが、頭の中に浸透しやすくなります。

「ロシアが生んだ天才科学者です！
さて誰でしょうか!?」

このようなコメントも付け加えながら、生徒のワクワク感を喚起していくのです。

情報や知識をダラダラと説明しても、聴き手はすぐに飽きてしまいます。ですので、あえて欠如をつくり、「そこを埋めたい！」という気持ちを起こさせるのです。そうすることで、聴き手を前のめりにさせることができるのです。

ちなみに、私が生徒に配布する授業用教材は空欄ばかりです。ビジネスパーソン向けのセミナーや研修の教材でも、聴き手に絶対に持ち帰ってもらいたいネタは、あえて空欄やスペースにして、自分で書き込むようにしてもらっています。

どうしても残したい情報や知識は、単語に限らず、フレーズなどもいったん「欠如」させて話してみてください。きっと聴き手の頭の中に深く深く染み込んでいくはずです。

即効フレーム

Step1　「実は全部で●つあるうちのまだ▲つしかあなたにはお伝えしていませんでした」

Step2　「ですので、今からその最後の1つをお伝えします」

Step3　「その1つというのが、……」

おわりに

「これ、誰が説明してくれたことだったっけ？　まっ、いっか」

私の望む聴き手の姿がここにあります。

説明において、私が相手に求めることは、究極的には1つです。それは、その内容を聴き手自身が吸収し、使いこなせるようになってもらうことです。

説明した私の顔や名前は一切忘れてもらってかまいません。むしろ、説明した内容を使いこなす上でノイズになるくらいだったら、忘れてほしいと思っているくらいです。

なぜなら、説明の最終ゴールは、その内容を聴き手の頭の中に残すことだと信じているからです。その内容を聴き手が吸収し、使いこなすことができたのなら、私の中でのミッションは完了なのです。

「説明とは、人類の知を継承するための最終兵器である」

大げさに聞こえるかもしれませんが、それくらいの想いで説明スキルというものをこれまでひたむきに磨いてきました。

巷《ちまた》には「自分をより良く魅《み》せるための話し方」「話し方で印象アップ」といった本があふれていますが、「その人そのもの」を相手の頭の中に残すことよりも、「その人が伝えたこと」を残すことのほうが、コミュニケーションにおいては大切だと私は考えています。

もちろん、コミュニケーションの目的にもよるでしょうし、自分の印象を高めたりすることを否定する気もありません。ただ、少なくとも「説明というコミュニケーションは、相手のためにあるもの」——この原点を私はずっと忘れたくないと思っています。

最後になりましたが、ここでお礼の言葉を述べさせてください。

本書の刊行にあたり、多くの方々のお世話になりました。ＰＨＰ研究所の中村康教さんは数多くのわがままにもかかわらず、素晴らしい編集をしてくださいました。中村さんとでなければこの本は完成しませんでした。心より感謝を申し上げます。堅苦しい私の文章を柔らげる素敵なイラストをたくさん描いてくださった齋藤稔さんにも心より感謝申し上げます。また、前著と同様に、美しいカバーをデザインしてくださった一瀬錠二さん。ど素人の私の無茶な申し入れを嫌な顔一つせず聞いてくださり、目一杯反映してくださった

おわりに

こと、心より感謝いたします。

エリエス・ブック・コンサルティングの土井英司さんには、本書を執筆していく上でのさまざまなアイデアをいただきました。まさに「目から鱗！」を体感させていただきました。感謝の気持ちと知的好奇心でいっぱいです。本当にありがとうございました。

執筆中にナーバスになりがちだった私を励ましてくれた友人の大橋啓人くんと鈴木謙太くんにも心から感謝です。また、自身の仕事が超多忙にもかかわらず、深夜の遅い時間まで私の原稿チェックを懇切丁寧に行ってくれた妻の綾香には心より感謝です。執筆を進めていく上で「内助の功」を骨の髄まで感じました。本当に本当にありがとう。そして、いつも背中を押してくれる福岡の両親と、埼玉のお義父さんお義母さんにも本当に感謝をしています。応援、いつも本当にありがとうございます。いつまでも長生きしてくださいね。

最後に、本書を手にとってくださっているあなたへ。

たかが「説明」ではありますが、その先にはもっと大きなものがあると私は思っています。あなたの持っているものを、目の前の人にしっかり残すことができる――そんなコミュニケーションの手段が「説明」なのです。

あなたのもっている英知を、目の前の大切な人の頭の中にずっと残すことができるのです。そう思うと、「説明」って、とても素晴らしいコミュニケーション手段ではないでしょうか。そして、そのスキルをもっともっと高めていきたいとは思いませんか。

本書は、説明における「つまらない」を撲滅するために書きました。また、前著『頭のいい説明は型で決まる』は、説明における「わからない」を撲滅するために書いたものです。もちろん、両書とも私（犬塚壮志）が書いたということは忘れていただいてかまいません。ただ、本の内容の一部だけでも覚えておいていただけたら、あなたの中に何か1つだけでも残すことができたのなら、筆を執って良かったと心から思えます。本書を刊行したかいがあっただけでなく、生きた意味があったとすら思っています。

「生きることとは、残すこと」

そう思いながら、私は日々過ごしています。誰かに何かを残せるようなコミュニケーションができるというのは、私にとっての一番の生きがいなのです。

この本であなたに何か残したい、その一心でここまで書き上げることができました。最

おわりに

後までお読みいただき、本当に本当にありがとうございました。

「心を動かす説明は、あなたの中にあるものを相手に残すこと」

これをどうかあなたの手で広げていっていただければ望外の喜びです。

教育を通じて、人類の知が伝承されることを願って。

2019年6月吉日　湯島天神の見える書斎にて

犬塚壮志

■感動する説明 ＝ 聴き手の知的好奇心を刺激し、ワクワクさせる説明

即効フレーズ（即効フレーム）

- 相手の問題点を炙り出し、メリットの存在に気づかせる
- すでに説明を聴いた人の成功事例を紹介し、聴き手の頭の中に絵を描かせる
- 自分がそのメリットを提示するに値する人間だという理由を説明する
- メリットを享受できる具体的なステップを説明する

- 「●●でも、××」
- 「●●なのに、××」
- 「これは●●（数値）なのですが、平均は××（数値）となります」
- 「●●の中から選び抜いた××です」
- 「●●（仮想敵）には絶対に負けません！」

- 「結果は、●●でした。その原因は、……」
- 「実は、●●の本当の原因は、……」
- 「●●と××は因果関係にはなく、実は■■が両方の真の原因だったんです」
- 「実は、●●で××が引き起こされていたんじゃなくって、××のほうが●●を引き起こしていた原因だったんです」

- 「●●を一言でいうとね、……」
- 「今日は、時間が限られていますので、皆さんに伝えたいことを１個に絞ってきました」
- 「要するにね、……」
- 「まとめるとね、……」
- 「一番伝えたいことは、……」
- 「結論から言うとね、……」
- 「結局はね、……」
- 「これまでにお話しした●個のノウハウを１つにまとめると、結局、××だけすればいいということになります」
- 「これまでの話を一言でまとめるとね、……」

▼ダークサイド的スキルの３ステップ

- あえて、大量の情報を聴き手に与える
- 聴き手が情報過多でストレスを感じる
- その瞬間に「カットダウン」の型を使って、ストレスを解消させる

【「8つの型」&「即効フレーズ」早見表】

型		役割のイメージ	得意な移動（ゾーン）	
1	メリット	壁の柔軟剤	知らないゾーン ↓ 自分ゾーン	フレーム Step 1 Step 2 Step 3 Step 4
2	対比	ネタの画素数 UP	知らないゾーン ↓ 関係ゾーン	フレーズ1 フレーズ2 フレーズ3 フレーズ4 フレーズ5
3	因果	感動の起爆剤	関心ゾーン ↓ 自分ゾーン	フレーズ1 フレーズ2 フレーズ3 フレーズ4
4	カットダウン	ネタのスリム化	関心ゾーン ↓ 自分ゾーン	フレーズ1 フレーズ2 フレーズ3 フレーズ4 フレーズ5 フレーズ6 フレーズ7 フレーズ8 フレーズ9 フレーム Step 1 Step 2 Step 3

■感動する説明 ＝ 聴き手の知的好奇心を刺激し、ワクワクさせる説明

即効フレーズ（即効フレーム）
→ 前提：「そもそも、……」 →「一般的には●●と考えられているのですが、……」 →「普通、●●だと思いませんか？　でも実際には、……」 ↓ →「なぜなら、……」 →「どうしてかというと、……」 →「事実、○○ということがあったからなんです」
→「先週、●●があったのですが、……」 →「今日、ここに来るときに、●●なことがあったのですが、……」 →「最新の研究では、……」 →「今朝のＴＶニュースで●●（メインメッセージの具体例）を観たのですが、……（そのままメインメッセージにつなげる）」 →「実は、この●●については、つい先月、アメリカの●●大学の研究機関で実証されたのです」 →「今朝のＴＶニュースで●●（メインメッセージの抽象につながる）を観たのですが、これは、●●（抽象）という点で……（メインメッセージ）と同じなんです」
→「ここだけの話ですが、……」 →「日本人の 0.3％しか知らないことなんですが、……」 →「これからする話は広まるとまずいので、他では絶対に言わないでくださいね」 →「●●を知っている方、手を挙げていただいてもいいですか？」 →「私たちの仕事では当たり前のことではあるのですが、……」 →「業界外ではあまり知られていない話なのですが、……」 →「私たちの業界では珍しいことではないのですが、他の業界の人にお話しすると、とても喜んでいただけるノウハウがあるのです。そのノウハウというのが、……」 →「これまでは一般公開してきた話なのですが、今後は一般公開をやめて、一部の人にしかお話ししないつもりです」
→「実は全部で●つあるうちのまだ▲つしかあなたにはお伝えしていませんでした」 →「ですので、今からその最後の１つをお伝えします」 →「その１つというのが、……」

の型」&「即効フレーズ」早見表】

	型	役割のイメージ	得意な移動（ゾーン）	
5	破壊	強制的 スクラップ &ビルド	関心ゾーン ↓ 自分ゾーン	フレーズ1 フレーム 逆張り： フレーズ2 フレーズ3 フレーズ4 フレーズ5 フレーズ6
6	ニュース	関心ゾーンへの 瞬間移動	知らないゾーン ↓ 関心ゾーン	フレーズ1 フレーズ2 フレーズ3 フレーズ4 フレーズ5 フレーズ6
7	希少性	ネタのレア化	知らないゾーン ↓ 関係ゾーン	フレーズ1 フレーズ2 フレーズ3 フレーズ4 フレーズ5 フレーズ6 フレーズ7 フレーズ8
8	欠如アピール	壁のほころび 集中攻撃	知らないゾーン ↓ 自分ゾーン	フレーム Step 1 Step 2 Step 3

【参考文献】

『学習科学』（波多野誼余夫ほか編、放送大学教育振

『学習科学ハンドブック　第二版 第 1 巻』（R・K・ 敏昭ほか監訳、北大路書房、2018 年）

『学習科学ハンドブック　第二版 第 2 巻』（R・K・ソーヤー編、大島純ほか監訳、北大路書房、2016 年）

『学習科学ハンドブック　第二版 第 3 巻』（R・K・ソーヤー編、秋田喜代美ほか監訳、北大路書房、2017 年）

『新しい時代の教育方法』（田中耕治ほか著、有斐閣アルマ、2012 年）

『数学的・科学的リテラシーの心理学』（藤村宣之著、有斐閣、2012 年）

『進撃の巨人 1』（諫山創著、講談社、2010 年）

『情報の文明学』（梅棹忠夫著、中公文庫、1999 年）

『ショック・ドクトリン〈上〉〈下〉』（ナオミ・クライン著、幾島幸子訳、村上由見子訳、岩波書店、2011 年）

『読書について 他二篇』（ショウペンハウエル著、斎藤忍随訳、岩波文庫、1983 年）

『現代語訳 風姿花伝』（世阿弥著、水野聡訳、PHP エディターズ・グループ、2005 年）

『影響力の武器』（ロバート・B・チャルディーニ著、社会行動研究会訳、誠信書房、1991 年）

『頭のいい説明は型で決まる』（犬塚壮志著、PHP 研究所、2018 年）

〈著者略歴〉

犬塚壮志（いぬつか・まさし）

教育コンテンツ・プロデューサー／株式会社士教育《さむらいきょういく》代表取締役
福岡県久留米市生まれ。元駿台予備学校化学科講師。

大学在学中から受験指導に従事し、業界最難関といわれている駿台予備学校の採用試験に25歳の若さで合格(当時、最年少)。

駿台予備学校時代に開発したオリジナル講座は、開講初年度で申込当日に即日満員御礼となり、キャンセル待ちがでるほどの大盛況ぶり。その講座は3,000人以上を動員する超人気講座となり、季節講習会の化学受講者数は予備校業界で日本一となる（映像講義除く）。

さらに大学受験予備校業界でトップクラスのクオリティを誇る同校の講義用テキストや模試の執筆、カリキュラム作成にも携わる。

「教育業界における価値協創こそが、これからの日本を元気にする」をモットーとし、2017年に講師自身の“コア・コンピテンシー”を最大限に生かした社会人向けビジネスセミナーの開発や講座デザイン、テキスト作成などを請け負う日本初の事業を興す。タレント性が極めて強い予備校講師時代の経験を生かし、自分ブランドを確立させて自身の価値を高める教育プログラムをビジネスパーソンや経営者に向け実践中。また、企業向け研修講師としても登壇し、さらに企業研修そのものをプロデュースする事業もスタートさせる。

その傍ら、教える人がもっと活躍できるような世の中を創るべく、現在は東京大学大学院で「学習環境」をテーマとした研究も行う。

主な著書に、3.5万部越えのベストセラーとなった『頭のいい説明は型で決まる』(PHP研究所)、『偏差値24でも、中高年でも、お金がなくても、今から医者になれる法』（共著、KADOKAWA）などがある。

【メールマガジン】（特典映像付き）
https://qk526-9eecc9.pages.infusionsoft.net

本文デザイン・イラスト ―――――― 齋藤 稔（株式会社ジーラム）
装丁 ―――――――――――――――― 一瀬錠二（Art of NOISE）

カリスマ予備校講師が初公開！
感動する説明「すぐできる」型

2019年8月6日 第1版第1刷発行
2019年9月25日 第1版第3刷発行

著者 犬塚壮志
発行者 後藤淳一
発行所 株式会社PHP研究所
東京本部 〒135-8137 江東区豊洲5-6-52
第二制作部ビジネス課 ☎03-3520-9619（編集）
普及部 ☎03-3520-9630（販売）
京都本部 〒601-8411 京都市南区西九条北ノ内町11
PHP INTERFACE https://www.php.co.jp/
組版 齋藤 稔（株式会社ジーラム）
印刷所 大日本印刷株式会社
製本所 東京美術紙工協業組合

 ISBN978-4-569-84336-0